21世纪高等教育会计通用教材
教学质量与教学改革工程项目

Kuaijixue Zonghe Shixi

会计学综合实习

(第五版)

胡北忠 主编

东北财经大学出版社 大连
Dongbei University of Finance & Economics Press

图书在版编目（CIP）数据

会计学综合实习 / 胡北忠主编. —5版. —大连 : 东北财经大学出版社，2023.1（2025.8重印）
（21世纪高等教育会计通用教材）
ISBN 978-7-5654-4741-9

Ⅰ. 会… Ⅱ. 胡… Ⅲ. 会计学-高等学校-教材 Ⅳ. F230

中国版本图书馆CIP数据核字（2022）第251625号

东北财经大学出版社出版
（大连市黑石礁尖山街217号 邮政编码 116025）
网 址：http://www.dufep.cn
读者信箱：dufep@dufe.edu.cn
大连金华光彩色印刷有限公司印刷 东北财经大学出版社发行

幅面尺寸：285mm×205mm 字数：723千字 印张：30.25 插页：2
2023年1月第5版 2025年8月第5次印刷

责任编辑：李智慧 李 栋 责任校对：王 娟
封面设计：冀贵收 版式设计：原 皓

定价：56.00元

教学支持 售后服务 联系电话：（0411）84710309

如有印装质量问题，请联系营销部：（0411）84710711

第五版前言

“会计学综合实习”是会计学、财务管理专业学生在完成各门基础课程和专业课程（会计学原理、管理学原理、财务管理、中级财务会计、成本会计和高级会计学）理论学习的基础上，为增强学生专业实践能力、弥补校外实习的不足，在会计学、财务管理专业高年级开设的一门专业综合模拟实习课程。

《会计学综合实习》（第四版）是根据高等学校会计学、财务管理专业高级应用型人才培养目标的要求编著的，旨在通过实习，要求会计学、财务管理专业的学生掌握企业财务管理、企业设立登记、企业会计实务的具体操作要求，增强学生的实际动手操作能力，培养学生严谨、务实、负责的工作态度和作风。同时，要求学生重视理论对实践的指导作用，注意将所学的会计学、财务管理基本理论知识运用于专业综合实习，通过专业综合实习检查和巩固所掌握的会计学、财务管理专业知识。

《会计学综合实习》（第五版）设计思路清晰、连贯，能较快地让实习学生将所学专业知识联系起来。本教材全真模拟了一家公司的主要经营活动，包括公司设立的可行性研究，公司设立的工商、税务登记及银行开户，公司开业后的会计核算、财务分析和财务预算编制等内容。全书共分财务管理模拟实习模块、申报登记模拟实习模块和会计核算模拟实习模块三大模块。

第一实习模块：财务管理模拟实习模块。通过该实习模块的实习，主要培养学生财务管理工作能力，检查和巩固学生掌握的财务管理专业知识。本实习模块设有公司设立财务可行性分析实习、公司财务报表分析实习和公司财务预算编制实习三个实习项目。

第二实习模块：申报登记模拟实习模块。通过该实习模块的实习，主要培养学生掌握公司设立的各项登记程序和要求，检查和巩固学生掌握的企业管理专业知识。本实习模块设有公司设立工商注册登记实习、税务登记实习纳税申报实习和银行开户登记实习三个实习项目。

第三实习模块：会计核算模拟实习模块。通过该实习模块的实习，主要培养学生掌握公司会计核算的一般程序和要求，检查和巩固学生掌握的会计专业知识。本实习模块设有会计凭证填制和审核实习、出纳岗位实习、会计账簿登记实习、财务报表编制实习和会计电算化实习五个实习项目。

《会计学综合实习》是作者申报的贵州省高等学校教学质量与教学改革工程项目“会计学专业综合实验改革与设想”的研究成果。《会计学综合实习》（第五版）教材在《会计学综合实习》（第四版）的基础上：修正错误；调整各实验项目注册资本和股本为可行性研究时设计的3 000万元；将第一实习模块中的第2、3实验项目基础数据调整为完成第三实习模块的第4实验项目实验结果的财务报表数据，使实验过程更加符合企业财务活动过程实际；按照“五证合一，一照一码”要求，将第二实习模块中第

2实习项目实习内容调整为一照一码户信息确认和增值税一般纳税人登记；第二实习模块增加纳税申报实习项目；同时，规范了每个实习项目中关键数据设计方式，这样各实习小组或学生其实验结果将会不一致，学生必须按新设计的数据重新进行计算，就不能完全抄写实习参考答案，从而达到让实习学生模拟练习的目的。

《会计学综合实习》（第五版）第一实习模块、第二实习模块和第三实习模块的实习项目1、2、3、4由胡北忠教授编写，第三实习模块的实习项目5由张忠民副教授编写，第五版的修订工作由胡北忠教授完成。由于作者水平有限，书中难免存在错漏，希望读者批评指正。

胡北忠

2022年11月6日

目　　录

第一实习模块　财务管理模拟实习模块

实习项目1　公司设立财务可行性分析实习 …… 3
第一部分　实习预备知识 …… 3
第二部分　实习项目设计 …… 11
第三部分　实习报告 …… 13
实习项目2　公司财务报表分析实习 …… 30
第一部分　实习预备知识 …… 30
第二部分　实习项目设计 …… 31
第三部分　实习报告 …… 39
实习项目3　公司财务预算编制实习 …… 41
第一部分　实习预备知识 …… 41
第二部分　实习项目设计 …… 43
第三部分　实习报告 …… 45

第二实习模块　申报登记模拟实习模块

实习项目1　公司设立工商注册登记实习 …… 59
第一部分　实习预备知识 …… 59
第二部分　实习项目设计 …… 61
第三部分　实习报告 …… 63
实习项目2　税务登记实习 …… 77
第一部分　实习预备知识 …… 77
第二部分　实习项目设计 …… 79
第三部分　实习报告 …… 81
实习项目3　纳税申报实习 …… 83
第一部分　实习预备知识 …… 83

第二部分　实习项目设计 …… 86
第三部分　实习报告 …… 87
实习项目4　银行开户登记实习 …… 90
第一部分　实习预备知识 …… 90
第二部分　实习项目设计 …… 91
第三部分　实习报告 …… 93

第三实习模块　会计核算模拟实习模块

实习项目1　会计凭证填制和审核实习 …… 97
第一部分　实习预备知识 …… 97
第二部分　实习项目设计 …… 100
第三部分　实习用记账凭证 …… 203
实习项目2　出纳岗位实习 …… 303
第一部分　实习预备知识 …… 303
第二部分　实习项目设计 …… 305
第三部分　实习用会计账页 …… 309
实习项目3　会计账簿登记实习 …… 323
第一部分　实习预备知识 …… 323
第二部分　实习项目设计 …… 326
第三部分　实习用会计账页 …… 327
实习项目4　财务报表编制实习 …… 448
第一部分　实习预备知识 …… 448
第二部分　实习项目设计 …… 452
第三部分　实习用财务报表 …… 463
实习项目5　会计电算化实习 …… 473

第一实习模块
财务管理模拟实习模块

实习项目1 公司设立财务可行性分析实习

第一部分 实习预备知识

一、项目投资概述

项目投资，是指以扩大生产能力和改善生产条件为目的的资本性支出。与金融投资相比，项目投资的支出是对企业自身的投入，与其他经济实体不发生资本收支的经济往来关系，是一种对内投资、直接投资。

（一）项目投资的特点

1.投资数额大

项目投资往往涉及企业的生产能力，需要投入大量的资金。项目投资所形成的资产往往在企业总资产中占有相当大的比重，对企业未来现金流量和财务状况具有决定性的影响。

2.作用时间长

项目投资涉及的作用期较长，需要几年甚至几十年才能收回投资，特别是决定企业发展方向的战略性投资，直接决定了企业未来的生产经营方向。

3.不经常发生

与金融投资相比，项目投资的对象涉及企业生产能力和生产条件。其生产能力和生产条件一旦形成，不会经常发生变化。因此，项目投资决策不会经常发生，它属于企业的非程序性决策，往往没有类似的决策可供参照、比较。

4.不以变现为目的

项目投资所形成的资产不是为销售而持有的，一般不会在短期内变现，而且项目投资的对象大多是变现能力较差的长期资产，变现通常相当困难。

（二）项目投资的种类

1.维持性投资与扩大生产能力投资

项目投资按其与企业未来经营活动的关系可分为维持性投资和扩大生产能力投资。维持性投资是为维持企业正常经营、保持现有生产能力而进行的投资。扩大生产能力投资是企业为扩大生产规模、增加生产能力或改变企业经营方向，而进行的对企业今后的经营与发展有重大影响的各种投资。

2.固定资产投资、无形资产投资和递延资产投资

项目投资按投资对象可分为固定资产投资、无形资产投资和递延资产投资。固定资产投资是指投资于企业固定资产，特别是对生产经营用固定资产的投资。无形资产投资是指对企业长期使用、没有实物形态的资产的投资。递延资产投资是指对递延资产的投资。

3.战术性投资和战略性投资

项目投资按其对企业前途的影响分为战术性投资和战略性投资。战术性投资是指不牵涉整个企业前途的投资。战略性投资是指对企业全局有重大影响的投资。

4.相关性投资和非相关性投资

项目投资按其相互关系分为相关性投资和非相关性投资。如果采纳或放弃某一项目并不显著地影响另一项目，则可说这两个项目在经济上是不相关的，二者互为非相关性投资。如果采纳或放弃某个投资项目可以显著地影响另外一个投资项目，则可以说这两个项目在经济上是相关的。

5.扩大收入投资和降低成本投资

项目投资按其增加利润的途径可分为扩大收入投资与降低成本投资两类。扩大收入投资是指通过扩大企业生产经营规模，以便增加利润的投资。降低成本投资是指通过降低生产经营中的各种耗费，以便增加利润的投资。

6.采纳与否投资与互斥选择投资

项目投资按决策的角度分为采纳与否投资和互斥选择投资。采纳与否投资是指决定是否投资于某一项目的投资。在两个或两个以上的项目中，只能选择其中之一的投资，叫作互斥选择投资。

（三）项目投资的程序

1.项目投资的提出

项目投资的提出是根据企业的长远发展战略、中长期投资计划和投资环境的变化，在把握良好投资机会的情况下提出的。它是项目投资程序的第一步。

2.项目投资的评价

项目投资的评价有以下工作：

（1）对提出的投资项目进行适当的分类。

（2）计算有关项目的建设周期，以及投产后的收入、费用和经济效益，预测现金流入和现金流出。

（3）运用各种指标对各项投资进行判断。

（4）写出详细的评价报告。

3.投资项目的决策

评价后，应按分权管理的决策权限由企业高层管理人员或相关部门经理作出最后的决策。

4.项目投资的执行

决定对某项目进行投资后，要积极筹措资金，实施项目投资。

5.项目投资的再评价

在投资项目的执行过程中，应注意原来作出的投资决策是否合理、正确，要随时根据变化的情况作出新的评价，以避免更大的损失。

二、投资项目的现金流量

项目投资决策通过对项目投资支出和投资收入进行对比分析，判断投资项目的可能性。项目投资的投资支出和投资收入均是以现金的实际收支为计算基础的。项目从筹建施工、正式投产营运到退出、报废为止的整个项目期间内发生的现金收支，构成该项目的现金流量。

（一）现金流量是项目投资的决策依据

由一项投资方案引起的未来一定期间内所发生的现金收支，叫作现金流量。现金流入量与现金流出量相抵后的余额，称为现金净流量（Net Cash Flow，NCF）。

对于投资决策来说，其决策目标是投资方案的现金净流量而不是期间利润。只有投资方案的现金流入量大于现金流出量，该方案才是可行的。这是因为：

1.现金流量以收付实现制为基础

尽管期间利润代表了方案的盈利水平，但期间利润是权责发生制的产物，是当期收入与当期费用相配比的结果。当期收入可能是实际现金收入，也可能是应收项目；当期费用可能是实际现金支出，也可能是应付项目。同样，本期的实际现金收入或现金支出，也可能没有作为本期的收入或本期的费用予以配比。权责发生制以应收和应付作为收入实现与费用发生的标志，并没有考虑现金收支的实际时间。但从长期来看，收入真正实现的标志是现金流入而不是应收项目，费用真正发生的标志是现金流出而不是应付项目。

期间利润与现金流量的不一致是由跨期分配导致的。跨期分配是在会计期间假设下，权责发生制的要求。从财务管理的角度来看，长期投资项目的会计期间不是日历期间，而应当是该项目的整个寿命期间。从超过一年的长期期间来看，不再存在权责发生制下的跨期分配，而应考虑收付实现制下的现金实际收付。此外，在长期项目的整个寿命期间，现金流量总额与期间利润总额是相等的。

2.现金流动状况比盈亏状况更为重要

一个投资项目能否进行，取决于有无实际现金进行支付，而不是取决于在一定期间内有无利润。即使企业当期利润很大，也不一定有足够的现金进行支付。进一步来看，长期项目的投资回收期较长。若以没有收到现金的收入作为利润的组成部分，这种利润往往是靠不住的，且该项目也具有较大的风险。此外，以未实际收到现金的收入来计算利润，就人为地高估了投资项目的投资报酬。现金一旦被支付，即使没有进入本期的成本费用，也不能用于其他目的。只有当现金真正收回后，才能用于其他项目的再投资。因此，投资决策中通常不采用风险较大的期间利润作为决策依据，而重视现金流量的取得。

（二）现金流量的测算

1.建设阶段

建设阶段是指投资项目从投资建设到项目完工投入营运的阶段。本阶段主要发生现金流出量，很少有现金流入量，一般包括固定资产的投资支出、流动资产的投资支出（营运资金垫支）、其他投资费用、原有固定资产的变价收入（要考虑所得税的问题）。

2.营业阶段

营业阶段是投资项目的主要阶段。该阶段既有现金流入量，也有现金流出量。现金流入量主要是营运各年的营业收入，现金流出量主要是营运各年的付现营运成本。另外，对于在营业期间某一年发生的设备大修理支出来说，如果本年内摊销完毕，应直接作为该年的现金流出量；如果需要跨年摊销，则本年作为现金流出量，摊销年份作为非付现成本处理。对于在营业期间某一年发生的设备改良支出来说，它是一种投资，应作为该年的现金流出量，以后年份通过折旧收回。在正常营业阶段，由于营运各年的营业收入和付现营运成本的数额比较稳定，因此营业阶段各年现金流量的测算公式一般为：

营业现金流量=营业收入-付现成本=营业利润+非付现成本

式中,非付现成本主要是固定资产的年折旧费用。如果有其他较大数额的跨年摊销费用,如跨年的大修理摊销费用、改良工程折旧摊销费用、筹建开办费摊销费用等,也都作为非付现成本予以考虑。

尽管可以利用“营业利润+非付现成本”的模式来测算项目的现金流量,但这并不意味着非付现成本是现金流量的组成部分。非付现成本本身与现金流量是无关的。如果考虑所得税问题,那么,非付现成本将通过所得税税负来影响企业的现金流量。由于所得税的存在,一笔用于与当前收入配比的成本费用对税后利润的影响会小于成本费用的实际发生数。这种抵税效应的公式为：

成本费用的抵税效应=成本费用×所得税税率

企业发生较多的成本费用可以抵减所得税税额,同样,企业取得较多的营业收入也会多缴纳所得税税额。成本费用有抵税效应,营业收入也会有纳税效应。考虑这些因素的所得税效应,一个项目的现金流量的测算公式可以表达为：

现金净流量=营业收入-付现成本-所得税税额

=税前利润+非付现成本-所得税税额

=税后利润+非付现成本

=营业收入-付现成本-营业收入×所得税税率+成本费用×所得税税率

=营业收入×（1-所得税税率）-付现成本×（1-所得税税率）+非付现成本×所得税税率

=税前现金流量×（1-所得税税率）+非付现成本×所得税税率

3.终结阶段

终结阶段的现金流量主要是现金流入量，包括固定资产变价净收入和垫支营运资金的收回。其中，固定资产变价净收入是指固定资产出售价款或残值收入扣除清理费用后的净额。

（三）投资项目现金流量表的编制

投资项目现金流量表是根据投资项目各阶段现金流量测算原理，综合反映项目周期内各阶段现金流量情况的报表，为测算投资项目决策指标提供基础数据。根据投资计算基础的不同，现金流量表可分为：全投资现金流量表、自有资金现金流量表、固定资产贷款现金流量表、项目投资各方现金流量表。

1.全投资现金流量表。该表以全部投资作为计算的基础，全部投资均视为自有资金，从全部投资角度计算现金流量，即借款不作为现金流入，借款利息和本金的偿还不作为现金流出。以该表所计算的指标可以剔除不同项目因资金条件不同和负债水平不同所造成的不可比性。用该表计算全部投资的内部收益率、净现值、投资回收期等评价指标，在不考虑项目投资资金来源的情况下，可以从整个项目的角度对项目的财务效益进行评价。

2.自有资金（资本金）现金流量表。该表以投资者的出资额为计算基础，从投资者角度计算现金流量，即假定了项目投资中除资本金以外的投资都是通过债务资金来解决的，所以现金流出项目增加了“借款本金偿还”和“借款利息支付”项目。用该表计算自有资金财务内部收益率、净现值等评价指标，可以考查项目自有资金的盈利能力。

3.固定资产贷款现金流量表。以固定资产贷款资金作为计算基础，可以较为直接地反映项目的贷款偿还能力，并弥补全部投资现金流量分析的不足。该表把从项目中获取的各种收益作为现金流入；现金流出中的建设投资只列须还本付息部分（在以项目融资方式建设的项目中，由于次等债务迟于一般贷款的偿还，因此次级贷款也不作为现金流出），项目流动资金不作为现金流出，流动资金贷款利息和次级贷款的利息作为现金流出，税后利润中不能用于偿还贷款的资金也将作为现金流出。其他的流出项目与全部投资现金流量表相同。用该表计算财务评价指标，可以考查项目的偿债能力。

4.项目投资各方现金流量表。投资各方现金流量表是分别从技术方案各个投资者的角度出发，以投资者的出资额作为计算的基础，用以计算技术方案投资各方财务内部收益率。当技术方案投资者中各方有股权之外的不对等的利益分配时（契约式的合作企业常常会有这种情况），投资各方的收益率存在差异，此时需要计算投资各方的财务内部收益率，以看出各方收益是否均衡，或者其非均衡性是否处于一个合理的水平，有助于促成技术方案投资各方在合作谈判中达成平等互利的协议。

三、项目投资的决策方法

（一）净现值法

1.基本原理

投资项目未来现金净流量现值与原始投资额现值的差额，称为净现值（Net Present Value，NPV）。其公式为：

净现值=未来现金净流量现值-原始投资额现值

任何企业或个人进行投资，总是希望投资项目的未来现金流入量超过现金流出量，从而获得投资报酬。在长期投资中，现金流出量和现金流入量的时间和数量是不相同的。这就需要将现金流出量和现金流入量按预定的贴现率折算成现值，再将二者的现值进行比较，其差额即为投资方案的净现值。净现值法下预定的贴现率是投资者所期望的最低投资报酬率，一般以资本成本率为基准。净现值为正的方案可行，因为它表明方案的实际投资报酬率高于资本成本率；净现值为负的方案不可取，因为它表明方案的实际投资报酬率低于资本成本率。

采用净现值法来评价投资方案，一般有以下几个步骤：

（1）测定投资方案每年的现金流出量和现金流入量。

（2）确定投资方案的贴现率。投资方案所采用的贴现率是投资者所要求的投资报酬率。投资者所要求的投资报酬率按下列思路确定：①以社会平均资本成本率为标准，即按货币时间价值计算的无风险最低报酬率；②投资者自己设定希望获得的预期报酬率，同时需要考虑投资的风险报酬以及通货膨胀因素。

（3）按确定的贴现率，分别将每年的现金流出量和现金流入量按复利方式折算成现值。

（4）将未来的现金净流量现值与原始投资额的现值进行比较。若前者大于或等于后者，方案可采用；若前者小于后者，即说明方案达不到投资者的预期投资报酬率，不能采用。

2.经济意义

净现值实际上就是计算现金净流量，是一种经过贴现后的现金流入量与现金流出量的差额。之所以贴现，是要扣除按设定贴现率所期望的基本投资报酬。如果净现值大于零，说明该项目在扣减了基本报酬后尚有余额。因此，净现值的经济意义是：投资方案超过基本报酬后的超额报酬。

3.对净现值法的评价

净现值法简便易行，其最大的优点在于：①净现值法适用性强，能基本满足论证投资方案是否可行的决策。②净现值法假定投资项目各期所产生的现金流量都是以所采用的资本成本率作为平均报酬率取得的，比较客观。净现值法所采用的贴现率一般是资本成本率，其总是假设后期现金流量与前期现金流量一样，都是原始投资额按与资本成本率相等的报酬率取得的。实际取得的现金流量大于按资本成本率取得的现金流量，则净现值大于零，方案可行。资本成本率是方案的最低投资报酬率要求，因而比较客观。③净现值法能灵活考虑投资风险。净现值法只要在所采用的贴现率中包括要求的投资风险报酬率，就能有效地考虑投资风险。

净现值法也具有明显的缺陷，主要表现在：①净现值法不能说明方案本身报酬率的大小。②净现值法所采用的贴现率不明确。如果两方案采用不同的贴现率贴现，那么采用净现值法就不能够得出正确的结论。在同一方案中，如果要考虑投资风险，不易合理确定所要求的风险报酬率。③在进行独立投资方案的决策时，如果各方案的原始投资额不相等，有时无法作出正确决策。所谓独立投资方案，是指两个以上互不依赖、可以同时并存的投资项目。如对外投资购买甲股票或购买乙股票，它们之间并不冲突。在独立投资方案决策中，尽管某项目的净现值大于其他项目，但所需的投资额大，其获利能力可能低于其他项目，而该项目与其他项目又是非互斥的，因此只凭净现值的大小无法得出结论。④净现值法有时也不能对寿命期不同的所有投资方案进行直接决策，包括独立投资方案和互斥投资方案。某项目尽管净现值小，但其寿命期短；另一项目尽管净现值大，但它是在较长的寿命期内取得的。由于两项目的寿命期不同，因而其净现值是不可比的。要采用净现值法对寿命期不同的投资方案进行决策，可行的方法之一是将各方案均转化成相等寿命期的投资方案进行比较。

（二）年金净流量法

1.基本原理

投资项目的未来现金净流量与原始投资额的差额，构成该项目的现金净流量总额。投资项目全部期间内的现金流量的总现值或总终值，折算为等额年金的平均现金净流量，称为年金净流量（Annual NCF，ANCF）。年金净流量的计算公式为：

$$\text{年金净流量}=\frac{\text{现金流量总现值}}{\text{年金现值系数}}$$

$$=\frac{\text{现金流量总终值}}{\text{年金终值系数}}$$

与净现值法一样，年金净流量的结果大于零，说明每年平均的现金流入能抵补现金流出，投资项目的净现值（或净终值）大于零，方案的投资报酬率大于资本成本率，方案可行。在比较两个以上寿命期不同的投资方案时，年金净流量越大，方案越好。

2.经济意义

从投资报酬的角度来看，年金净流量的本质是各年现金流量中的投资报酬额。

年金净流量法是净现值法的转化形式。在各方案寿命期相同时，它实质上就是净现值法。年金净流量法又是净现值法的辅助方法。它特别适用于期限不同的投资方案决策。同时，它也具有与净现值法同样的缺点——不便于对原始投资额不相等的独立投资方案进行决策。

（三）内含报酬率法

1.基本原理

内含报酬率（Internal Rate of Return，IRR）是指对投资方案的每年现金净流量进行贴现，使所得的现值恰好与原始投资额现值相等，从而使净现值等于零时的贴现率。

内含报酬率法的基本原理是：在计算方案的净现值时，若以预期投资报酬率作为贴现率计算，净现值的结果往往是大于零或小于零。这就说明方案实际可能达到的投资报酬率大于或小于预期投资报酬率，而当净现值为零时，方案实际可能达到的投资报酬率与预期投资报酬率一致。

根据这个原理，内含报酬率法就是要计算出使净现值等于零时的贴现率，这个贴现率就是投资方案实际可能达到的投资报酬率。

2.经济意义

内含报酬率是投资方案本身的获利能力，反映项目本身所能取得的投资报酬率水平。

3.对内含报酬率法的评价

内含报酬率法的主要优点在于：①内含报酬率反映了投资项目可能达到的报酬率，易于被决策人员所理解。②对于独立投资方案的决策，如果各方案的原始投资额不同，可以通过计算各方案的内含报酬率并结合现值指数，来评价各独立投资方案的获利水平。

内含报酬率法的主要缺点在于：①计算复杂，不易直接考虑投资风险大小。②内含报酬率法假定投资项目各期所形成的现金流量都是以该内含报酬率作为平均报酬率取得的，不太客观。按这样的假设，后期的现金流量与前期的现金流量一样，都是按该内含报酬率取得的，而不是以所有方案统一要求达到而且可能达到的资本成本率为标准取得的，缺乏客观的经济依据。③在进行互斥投资方案决策时，如果各方案的原始投资额不相等，就无法作出正确的决策。内含报酬率法假设项目营运中各期产生的现金流量都是按内含报酬率取得并贴现回收的，从而造成内含报酬率高的项目其净现值却很低的现象。

（四）回收期法

回收期（Payback Period，PP）是指投资项目的未来现金净流量与原始投资额相等时所经历的时间，即原始投资额通过未来现金流量回收所需要的时间。

投资者希望投入的资本能以某种方式尽快地收回。收回的时间越长，其所乘担的风险就越大。因而，投资方案回收期的长短是投资者十分关心的问题，也是评价方案优劣的标准之一。用回收期法评价方案时，回收期越短越好。

1.会计回收期

会计回收期不考虑货币的时间价值，直接用投资引起的未来现金净流量累计到原始投资数额时所经历的时间作为回收期。

（1）每年现金净流量相等的情况是一种年金形式，即：

$$会计回收期=\frac{原始投资额}{每年现金净流量}$$

（2）每年现金净流量不相等时，应把每年的现金净流量逐年加总，根据累计现金净流量来确定回收期。

2.贴现回收期

贴现回收期需要对由投资引起的未来现金净流量进行贴现，以未来现金净流量的现值等于原始投资现值时所经历的时间作为回收期，即：

$$(P/A,\ i,\ n)=\frac{原始投资额的现值}{每年现金净流量}$$

（1）如果每年现金净流量相等，假定经历n年所取得的未来现金净流量的年金现值系数为（P/A，i，n），则计算出年金现值系数后，通过查年金现值系数表即可推算出回收期n。

（2）如果每年现金净流量不相等，应将每年的现金净流量逐一贴现并加总，再根据累计现金流量现值来确定回收期。

回收期法的优点是计算简便，易于理解。这种方法是以回收期的长短来衡量方案的优劣的。投资时间越短，所承担的风险就越小。可见，回收期法是一种较为保守或稳妥的方法。

会计回收期和贴现回收期还有一个共同的局限：它们计算回收期时只考虑了未来现金净流量小于和等于原投资额的部分，没有考虑超过原投资额的部分。显然，回收期长的项目，其超过原投资额的现金流量并不一定比回收期短的项目少。

四、决策方法的选择

（一）项目投资方案的性质

对项目投资方案的决策有净现值法、内含报酬率法、年金净流量法等。由于投资方案的性质不同，各种方法的适用范围也不相同。

项目投资方案可分为独立投资方案和互斥投资方案两大类。这种分类是就两个以上投资项目的相对关系而言的。所谓独立投资方案，是指两个以上的投资项目互不依赖，可以同时并存。例如，投资兴建一个饮料厂和一个纺织厂，二者并不冲突，可以同时进行，是完全独立的投资项目。所谓互斥投资方案，是指两个以上投资项目不能同时并存，必须相互代替。例如，以旧设备换取新设备进行更新，保留旧设备就不能购入新设备，购买新设备就必须出售或报废旧设备，二者是互斥的。又如，建设火电站和建设水电站两个项目，一旦一个项目成立，另一个项目就会被淘汰，一般二者不必同时建造。

财务管理中的项目投资决策主要是互斥投资方案的决策。至于独立投资方案，采用某一项目并不排除其他项目也被采用的可能性，因此各方案的决策也是独立的，不存在方案之间的比较问题。对于独立投资方案是否可行的决策，可以直接计算各方案的净现值、现值指数、内含报酬率等指标。只要各种方案能达到标准的要求，方案都是可行的。各种长期投资决策的方法均适用。对于互斥投资方案的决策，由于它们彼此之间存在排他性，只能在若干可供选择的方案中选择一个最佳方案，因此存在各方案间的比较问题。

独立投资方案的决策属于筛分决策。决策应解决的问题是如何确定各种可行方案的投资顺序。从尽量采用全部可行方案的要求出发，独立投资方案以获利程度作为决策标准。互斥投资方案的决策属于选择决策。决策应解决的问题是淘汰哪种方案，即选择最优方案。从选定效益最大的要求出发，互斥投资方案以获利数额作为决策标准。

（二）独立投资方案的决策

独立投资方案互相并不排斥，可以同时采用，因此决策时首先要分析各方案本身是否满足某种基本的要求。评价独立投资方案本身是否可行时，净现值法和内含报酬率法都是基本的决策方法。如果要进一步确定独立投资方案的投资次序，一般采用内含报酬率指标测算各方案的获利程度高低，进行决策。

在进行独立投资方案本身的可行性决策时，如果采用净现值法，净现值额为正值，则说明方案的投资报酬率也大于所采用的贴现率（即资本成本率），方案是可行的；如果采用内含报酬率法，所计算出的内含报酬率大于所要求的预期报酬率，净现值也一定为正，方案也是可行的。在确定两个独立投资方案的投资顺序时，如果采用内含报酬率法，则只要所要求的预期报酬率基准一致，内含报酬率越大的方案越好；如果采用净现值法，则只要两个方案采用同样的贴现率，并且原始投资额和寿命期相同，那么，净现值越大的方案越好。如果两个方案的原始投资额不同，净现值法应结合现值指数法进行决策；如果两个方案的寿命期不同，净现值法应结合年金净流量法进行决策。

（三）互斥投资方案的决策

互斥投资方案互相排斥，不能同时并存，决策的实质在于选择最优方案。选择最优方案的决策依据是各方案的获利数额大小，因而一般采用净现值法和年金净流量法进行决策。由于净现值法受投资项目寿命期长短的影响，因此年金净流量法是最恰当的决策方法。

五、项目投资风险的考虑

项目投资涉及的时间比较长，在未来各个时期内就存在许多不确定因素，因而也存在不同程度的风险。投资活动充满着不确定性。如果未来现金流量面临的不确定程度大，足以影响方案的选择，那么，在决策时就应当考虑投资风险。

项目投资风险分析的常用方法是净现值法及年金净流量法。这是因为这两种方法能通过调整贴现率的方式考虑风险。不考虑风险时，以社会平均投资报酬率作为贴现率；考虑风险时，以期望最低投资报酬率作为贴现率。内含报酬率法也可以用于投资风险分析，但不易于对不同方案进行比较。

在净现值法中，对于高风险的项目，采用较高的贴现率来计算净现值。这种考虑风险后的贴现率也就是投资者期望的投资报酬率，即：

期望投资报酬率=无风险投资报酬率+投资风险报酬率

=无风险投资报酬率+风险系数×标准离差率

$=R_0+b\cdot Q$

式中，R_0代表无风险投资报酬率，b代表风险系数，Q代表标准离差率。风险系数可根据行业平均报酬率与行业最低报酬率的差距确定，也可根据本企业类似项目的标准离差率与投资报酬率之间的线性关系确定。

第二部分　实习项目设计

一、实习目的

通过本实习项目的实习操作，使学生熟悉公司项目投资决策各项评价指标的计算、决策评价原理，掌握项目投资财务可行性分析报告的写作。

二、实习操作要求

1.要求学生按4~5人分组，明确每个学生在该实习项目中需要完成的实习任务和工作职责。

2.要求学生根据实习资料提供的公司设立可行性报告等相关资料，进行市场调查，完成该公司设立可行性报告中的投资估算与资金筹措报告部分。

3.要求学生根据实习资料提供的公司设立可行性报告等相关资料，完成该公司设立可行性报告中的财务可行性分析报告部分。

三、实习资料

由万丰市国有控股公司发起，在原国有万丰市花溪农机厂的基础上，改制组建万丰市宏伟有限公司。公司预计注册资本3 000万元，等额股份3 000万股。其中，发起人万丰市国有控股公司占60%的股份，其以原国有万丰市花溪农机厂旧厂区的土地使用权500亩（约33.33公顷），估价2万元/亩折价入股，不足部分以现金注入；发起人李斌、王维各占20%的股份，全部以现金入股。

公司设立要求的财务评价指标基准参数为：投资报酬率15%、静态投资回收期7年、动态投资回收期10年。

附表：

项目投资费用定额表

序号	项　　目	不含税单位定额	增值税税率	备　　注
1	土地	2万元/亩（30万元/公顷）	9%	
2	厂区道路、停车场	80元/平方米	9%	
3	供、排水管网及设施	400 000元/套	13%	含施工成本
4	电力设施及配套工程	200 000元/套	13%	含施工成本
5	厂区环境绿化工程	60元/平方米	9%	
6	消防配套工程	80 000元/套	13%	
7	建筑物	800元/平方米	9%	不含土地成本
8	煅铸炉	600 000元/台	13%	含安装成本
9	车床	100 000元/台	13%	含安装成本
10	钳床	40 000元/台	13%	含安装成本
11	铣床	60 000元/台	13%	含安装成本
12	刨床	80 000元/台	13%	含安装成本
13	磨床	50 000元/台	13%	含安装成本
14	装配生产线	250 000元/套	13%	含安装成本
15	科研专用设备	50 000元/台	13%	含安装成本
16	办公家具	2 500元/套	13%	
17	锅炉	20 000元/台	13%	含安装成本
18	电脑	3 000元/台	13%	
19	远马50座大客车	250 000元/辆	13%	
20	小轿车	150 000元/辆	13%	
21	货运车	50 000元/辆	13%	

万丰市宏伟有限公司

可行性研究报告

委托单位：________________________________

受托单位：________________________________

申报日期：　　　　年　　月　　日

第一章　项目总论

一、项目背景

1.项目名称：万丰市宏伟有限公司可行性研究报告

2.项目委托方：万丰市国有控股公司

3.项目承担方：(实习小组名称)

4.项目委托时间：　　　　年　　月　　日

5.项目完成时间：　　　　年　　月　　日

6.项目管理：

(实习小组组长姓名、职称、学历、专业)

7.项目组成员：

(实习小组成员姓名、职称、学历、专业和实习任务以及工作职责)

8.项目拟建地区、地点：万丰市花溪大道68号

二、可行性研究结论

1.项目政策市场环境可行性研究结论

2.项目工程技术方案可行性研究结论

3.项目财务和经济评价可行性研究结论

4.项目综合评价结论

第二章　项目背景和发展概况

一、项目提出的背景

略。

二、项目发展概况

略。

三、投资的必要性

略。

第三章　市场分析与建设规模

一、市场调查

（一）拟建项目产出物用途调查

万丰市宏伟有限公司设立后，主要生产和销售适合西南地区山区使用的农用机械甲、乙两种产品。该类农用机械产品正处于成长期，目前国内市场尚无可替代产品。该类农用机械产品生产预期生命期为20年。

（二）产品现有生产能力调查

略。

（三）产品产量及销售量调查

略。

（四）产品价格调查

略。

二、市场预测

万丰市宏伟有限公司设立后，生产和销售的农用机械甲、乙两种产品，主要适合西南地区的山区使用。根据市场测算，甲、乙两种产品目前市场年需求量分别为80 000件和100 000件，预计每年将按10%的速度增长；10年后，市场将处于饱和状态，需求量预计每年将按10%的速度递减。

三、价格预测

万丰市宏伟有限公司设立后，结合同类产品目前的价格水平、国内市场的价格变化趋势、国家的物价政策、全社会对产品的供需情况等因素，预期生产和销售的农用机械甲、乙产品不含税销售价格分别为500元/件、350元/件，增值税税率为13%。

四、市场推销战略

略。

五、产品方案和建设规模

万丰市宏伟有限公司设立后，生产和销售的农用机械甲、乙两种产品，预计设计年生产能力分别为____件、____件（关键数据设计为：甲产品=50 000+小组序号×1 000；乙产品=80 000+小组序号×1 000。参考数据为50 000件和80 000件）。预计项目建设周期为2年。建设完工投产后，第1年按设计生产能力的60%组织生产，第2~6年每年递增10%，第7~10年按设计生产能力组织生产，10年以后按每年递减10%组织生产。

六、产品销售收入预测

根据确定的产品方案和建设规模及预测的产品价格，估算万丰市宏伟有限公司建设完成投产后每年的产品销售收入，见下表。

产品销售收入估算表

产品	计算期年序	1	2	3	4	5	6	7	8	9	10
	生产负荷（件）										
甲产品	设计生产能力（件）										
	销售数量（件）										
	销售价格（元/件）										
	销售收入（万元）										
乙产品	设计生产能力（件）										
	销售数量（件）										
	销售价格（元/件）										
	销售收入（万元）										
产品销售收入合计（万元）											

第四章　建设条件与厂址选择

一、资源和原材料

略。

二、建设地区的选择

万丰市宏伟有限公司的厂址准备设立在万丰市花溪大道68号，是发起设立方万丰市国有控股公司的旧厂址。该地具备项目可行性研究所要求的各项条件。

第五章　工厂技术方案

一、项目组成

万丰市宏伟有限公司的投资项目组成包括：

1. 土地500亩（约33.33公顷）

2. 基础设施

（1）厂区道路5 000平方米。

（2）停车场3 000平方米。

（3）供水管网及设施1项。

（4）排水管网及设施1项。

（5）电力设施及配套工程1项。

（6）厂区环境绿化工程10 000平方米。

（7）消防配套工程1项。

3.厂房

（1）第一生产车间（煅铸车间）建筑面积1 000平方米。

（2）第二生产车间（车、钳、铣、刨、磨车间）建筑面积5 000平方米。

（3）第三生产车间（组装车间）建筑面积2 000平方米。

（4）原料仓库建筑面积1 000平方米。

（5）成品仓库建筑面积1 000平方米。

4.行政、科研和后勤用房

（1）行政办公楼建筑面积3 000平方米。

（2）科研楼建筑面积1 000平方米。

（3）后勤服务楼建筑面积2 000平方米。

5.机器设备

（1）第一生产车间：煅铸炉4台。

（2）第二生产车间：车床10台、钳床10台、铣床10台、刨床10台、磨床10台。

（3）第三生产车间：装配生产线2条。

（4）科研专用设备5台。

6.行政办公设备

（1）办公家具200套。

（2）锅炉2台。

（3）电脑50台。

7.交通运输工具

（1）远马50座大客车2辆。

（2）小轿车4辆。

（3）货运车10辆。

二、生产技术方案

万丰市宏伟有限公司是生产农用机械的股份有限公司，主要生产甲、乙两种农用机械设备。其工艺流程是：通过煅铸、车、钳、铣、刨、磨和组装等过程生产出甲、乙产品。其工艺流程如下图所示。

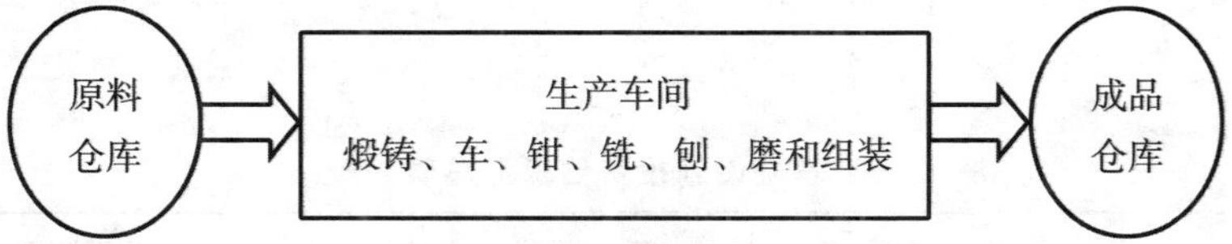

万丰市宏伟有限公司工艺流程图

万丰市宏伟有限公司生产甲、乙两种农用机械设备，其生产技术和环境要求是可行的（论述过程略）。

第六章　环境保护与劳动安全

略。

第七章　企业组织和劳动定员

略。

第八章　项目实施进度安排

万丰市宏伟有限公司工厂的建设分2年完成：

第1年（　　　　年）：完成土地征用，基础设施、厂房和办公楼等建设。

第2年（　　　　年）：完成机器设备、办公设备的购进和安装以及交通运输工具的购进。

第九章　投资估算与资金筹措

一、投资估算依据

1.项目投资估算依据设计方案及有关说明，主要工程量按方案图估算。

2.贵州省建设厅颁布的《贵州省建筑工程费定额》。

3.贵州省建设厅颁布的《贵州省安装工程费定额》。

4.工程其他费用按现行有关规定估计。

5.工程基本预备费按一、二类费用的8%考虑。

6.工程造价指标参照万丰市类似工程的造价指标。

7.设备价格按万丰市　　　　年　　季度同类设备的市场价格调整后计算。

二、固定资产投资总额估算

（一）基础设施投资估算

基础设施投资估算汇总表

金额单位：万元

项目		数量	不含税单位造价	不含税投资额	增值税税额	含税投资额
土地						
基础设施	厂区道路					
	停车场					
	供水管网及设施					
	排水管网及设施					
	电力设施及配套工程					
	厂区环境绿化工程					
	消防配套工程					
合计						

（二）房屋建筑投资估算

房屋建筑投资估算汇总表

金额单位：万元

项目		数量（平方米）	不含税单位造价	不含税投资额	增值税税额	含税投资额
厂房	第一生产车间					
	第二生产车间					
	第三生产车间					
	原料仓库					
	成品仓库					
行政、科研和后勤用房	行政办公楼					
	科研楼					
	后勤服务楼					
合计						

（三）设备投资估算

设备投资估算汇总表

金额单位：万元

项目			数量	不含税单位造价	不含税投资额	增值税税额	含税投资额
机器设备	第一生产车间	煅铸炉					
	第二生产车间	车床					
		钳床					
		铣床					
		刨床					
		磨床					
	第三生产车间	装配生产线					
	科研专用设备						
行政办公设备	办公家具						
	锅炉						
	电脑						
交通运输工具	远马50座大客车						
	小轿车						
	货运车						
合计							

根据以上表格，基础设施含税投资　　　　万元；房屋建筑含税投资　　　　万元，工程基本预备费（含税）　　　　万元，预计在建设期第1年年初含税投资；设备含税投资　　　　万元，预计在建设期第2年年初投资。预计万丰市宏伟有限公司固定资产含税投资总额为　　　　万元。

三、流动资金估算

流动资金的估算采用扩大指标估算法，参照同类生产企业流动资金占固定资产投资的比重（30%）估算流动资金。

流动资金垫支总额=固定资产含税投资总额×30%

=

四、资金筹措

万丰市宏伟有限公司项目筹资方案：

1.发起人投资注入资金

公司预计注册资本3 000万元，等额股份3 000万股。其中，发起人万丰市国有控股公司占60%的股份，以旧厂区土地使用权500亩（约33.33

公顷)，估价2万元/亩折价入股，不足部分以现金注入；发起人李斌、王维各占20%的股份，全部以现金入股。预期公司第1年的股利为10%，股利增长率为5%。

2.项目总投资不足的资金向万丰市商业银行申请贷款

贷款额度　　　　万元，年利息率8%。贷款在经营期内分10年等额还本和分期付息。公司适用的所得税税率为25%。

公司资金成本率=

第十章　财务与敏感性分析

一、销售收入和经营成本估算

（一）销售收入估算

根据第三章中预测的产品价格及设计生产能力，逐年计算产品销售收入。当有多种产品时，可分别计算多种产品的年销售收入并汇总计算年总销售收入。产品销售收入估算见下表。

产品销售收入估算表

产品	项　目	经　营　期									
		1	2	3	4	5	6	7	8	9	10
	生产负荷（件）										
甲产品	设计生产能力（件）										
	销售数量（件）										
	销售价格（元/件）										
	销售收入（万元）										
乙产品	设计生产能力（件）										
	销售数量（件）										
	销售价格（元/件）										
	销售收入（万元）										
产品销售收入合计（万元）											

（二）经营成本估算

经营成本估算表

单位：万元

项目	经营期									
	1	2	3	4	5	6	7	8	9	10
付现生产成本										
其中：直接材料										
直接人工										
制造费用										
固定资产折旧费										
税金及附加										
销售费用										
管理费用										
财务费用										
成本合计										
变动成本										
固定成本										

经营成本估算说明：

（1）付现生产成本：根据市场价格和同行业经营情况，按产品销售收入的50%估算。

其中：①直接材料：按产品销售收入的25%估算。

②直接人工：按产品销售收入的15%估算。

③制造费用：按产品销售收入的10%估算。

（2）固定资产折旧率：基础设施、建筑物为包括预备费在内的不含税投资额的4%，其他为不含税投资额的6%。

（3）税金及附加：按"应交增值税税额×10%"估算。

（4）销售费用：根据同行业情况，按产品销售收入的6%估算。

（5）管理费用：根据同行业情况，按产品销售收入的10%估算。

（6）财务费用：按投资贷款额和贷款利率估算。

（7）固定资产折旧费、财务费用为固定成本，其余费用为变动成本。

（三）增值税估算

增值税估算表

单位：万元

项目	建设期		经营期									
	1	2	3	4	5	6	7	8	9	10	11	12
一、销项税额												
其中：甲产品												
乙产品												
二、进项税额												
其中：建设期												
经营期												
四、应交增值税												

增值税估算说明：

1.销项税额：按甲、乙产品销售收入的13%估算。

2.建设期进项税额：根据投资估算的增值税估算。

3.经营期进项税额：按直接材料成本的13%计算。

4.应交增值税=销项税额-本期进项税额-期初未抵扣的进项税额。

二、经营利润估算

全投资经营利润估算表

单位：万元

项目	经营期									
	1	2	3	4	5	6	7	8	9	10
产品销售收入										
减：付现生产成本										
固定资产折旧费										
税金及附加										
销售费用										
管理费用										
财务费用										
营业利润										
减：所得税费用										
净利润										
息税前利润										

经营利润估算说明：所得税根据《中华人民共和国企业所得税法》的规定，按营业利润的25%估算。

息税前利润=净利润+所得税费用+财务费用

三、现金流量估算

全投资现金流量估算表

单位：万元

项目	建设期			经营期									
	0	1	2	3	4	5	6	7	8	9	10	11	12
一、现金流入量													
1.产品销售收入													
2.增值税销项税额													
现金流入量小计													
二、现金流出量													
项目含税总投资													
1.付现生产成本													
2.销售费用													
3.管理费用													
4.经营期增值税进项税额													
5.应交增值税													
6.税金及附加													
7.所得税													
现金流出量小计													
三、现金净流量													
1.本期现金净流量													
2.累计现金净流量													
四、净现值													
1.现值系数（折现率　%）													
2.净现值													
累计净现值													

现金流量估算说明：折现率按资金成本计算。

四、财务评价

（一）财务评价指标分析

1.投资报酬率

项目预期经营期年平均投资报酬率=年平均息税前利润/投资总额×100%

=

2.投资回收期

（1）根据现金流量估算表中的累计现金净流量可知，该项目包括建设期在内的静态投资回收期为________年。

包括建设期在内的静态投资回收期=累计现金净流量≤0的年数+|累计现金净流量|/下一年的现金净流量

=

（2）根据现金流量估算表中的累计净现值可知，该项目包括建设期在内的动态投资回收期为________年。

包括建设期在内的动态投资回收期=累计净现值≤0的年数+|累计净现值|/下一年的净现值

=

3.净现值

根据现金流量估算表中的本期现金净流量可知，该项目的净现值为　　　　万元。

净现值 = 未来现金净流量现值 − 原始投资额现值

$= \sum$本期现金净流量 × 1/(1 + 折现率)^{期数}

$= \sum$本期现金净流量 × 折现系数

=

4.内含报酬率

根据现金流量估算表中的本期现金净流量可知，该项目的内含报酬率为　　　　。

由 $\sum$本期现金净流量 × 1/（1 + 折现率）^{期数} = 0，可知：

内含报酬率=折现率=

5.财务指标评价

（二）不确定性分析

1.盈亏平衡点分析

（1）盈亏平衡点指标

根据销售收入和经营成本估算（经营期平均数）计算盈亏平衡点。

盈亏平衡点=固定成本/[（收入−变动成本）/收入]×100%

=

（2）盈亏平衡图

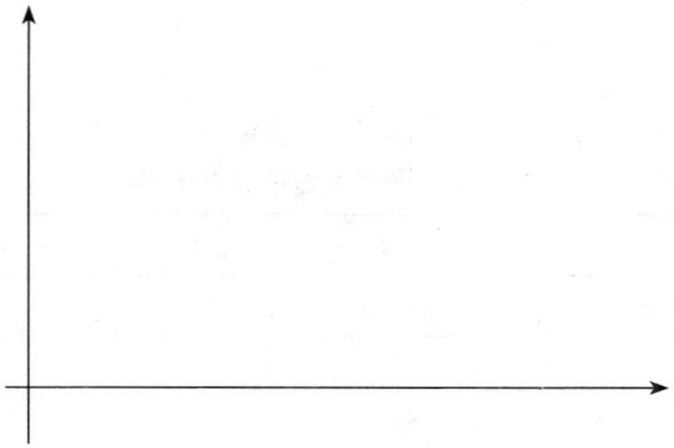

盈亏平衡图

（3）结论

由上述计算得出：当该项目建设完成投产后，正常经营负荷达到　　　　时（盈亏平衡点/设计能力销售额），实现盈亏平衡。

2.敏感性分析

（1）投资报酬率敏感性分析

在总投资额、销售发生变动的情况下，对年平均投资报酬率进行敏感性分析。投资报酬率敏感性分析见下表。

投资报酬率敏感性分析表

项　　目	投资报酬率	敏感系数
基本方案		
销售增加10%		
销售减少10%		
总投资额增加10%		
总投资额减少10%		

敏感系数=投资报酬率的变化率/不确定因素变化率，敏感系数为正数表示同方向变动，为负数成反方向变动。

投资报酬率=平均息税前利润÷投资总额×100%

=［平均收入−平均变动成本−（平均固定成本−平均财务费用）］÷投资总额×100%

销售增加10%，则：

年平均投资报酬率=

销售减少10%，则：

年平均投资报酬率=

总投资额增加10%，则：

年平均投资报酬率=

总投资额减少10%，则：

年平均投资报酬率=

（2）盈亏平衡点敏感性分析

在固定成本、变动成本、销售发生变动的情况下，对盈亏平衡点进行敏感性分析。盈亏平衡点敏感性分析见下表。

盈亏平衡点敏感性分析表

项　　目	盈亏平衡点	敏感系数
基本方案		
销售增加10%		
销售减少10%		
固定成本增加10%		
固定成本减少10%		
变动成本增加10%		
变动成本减少10%		

销售增加10%，则：

盈亏平衡点=

销售减少10%，则：

盈亏平衡点=

固定成本增加10%，则：

盈亏平衡点=

固定成本减少10%，则：

盈亏平衡点=

变动成本增加10%，则：

盈亏平衡点=

变动成本减少10%，则：

盈亏平衡点=

（3）敏感性分析评价

第十一章　可行性研究结论与建议

实习项目2　公司财务报表分析实习

第一部分　实习预备知识

一、财务报表分析的方法

财务报表分析是指根据企业财务报表提供的相关数据和其他部门提供的补充信息，采用专门的技术方法，对企业的财务状况和经营成果所作出的综合比较与评价。财务报表分析的基本方法主要有以下几种：

1.财务比率分析法

财务比率分析法是指通过建立一系列财务指标，全面描述企业的盈利能力、资产流动性、资产使用效率和负债能力、价值创造、盈利和市场表现以及现金能力，并将这些财务指标与企业历史上的财务指标、行业的平均数和行业中先进企业的相关指标进行对比，最后综合判断企业的经营业绩、存在的问题和财务健康状况的分析方法。

2.对比和结构分析法

对比和结构分析法是指通过计算某一时期各年“三表”中各项账目的比例，然后与本企业的历史财务指标、行业的平均数或先进企业的指标（或相关比例）进行对比，综合判断企业的经营业绩、存在的问题和财务健康状况的分析方法。

3.因素分解分析法

因素分解分析法是指通过分解影响企业盈利能力、财务风险和经营风险、自我可持续增长率等关键因素，进而综合判断企业的经营业绩、存在的问题和财务健康状况的分析方法。

二、财务报表分析报告的内容

由于不同财务信息使用者所关心的企业问题的侧重点不同，因此，其进行财务分析的目的和内容也不同。通常，财务报表分析的内容包括以下几个方面：

1.企业基本情况介绍

主要介绍被分析企业的名称、企业类型、生产和销售的主要产品、生产经营规模、公司股本结构情况，以及资产、营业收入、营业利润、净利润、经营现金净流量等主要财务指标。

2.企业盈利能力分析

（1）采用总额比较，分析说明公司的营业收入、营业利润、净利润的增减变动情况。

（2）采用比率，分析说明公司的销售利润率、总资产利润率、净资产收益率、每股净收益的增减变动情况。

（3）结合实际情况，分析说明企业盈利能力变动的原因。

3.企业偿债能力分析

（1）采用总额比较，分析说明公司的资产总额、负债总额、所有者权益总额、经营现金净流量和现金净流量等指标的增减变动情况。

（2）采用比率，分析说明公司的流动比率、速动比率、现金比率、资产负债比率、利息保障倍数、偿债保障比率等指标的增减变动情况。

（3）结合实际情况，分析说明企业偿债能力变动的原因。

4.企业营运能力分析

（1）采用总额比较，分析说明公司的存货、应收账款、流动资产总额、资产总额等指标的增减变动情况。

（2）采用比率，分析说明公司存货、应收账款、流动资产、总资产周转率等指标的增减变动情况。

（3）结合实际情况，分析说明企业营运能力变动的原因。

5.企业现金流量分析

通过比较，分析说明公司的经营现金流量、投资现金流量、筹资现金流量和现金净流量总额变动和结构变动的情况。结合实际情况，分析说明企业现金流量变动的原因。

6.企业发展前景分析

根据前面对各方面情况的分析，结合企业实际情况和市场情况，对公司未来的发展前景进行综合分析说明。

第二部分　实习项目设计

一、实习目的

通过本实习项目的实习操作，使学生熟悉公司财务报表的构成体系、财务报表各项分析评价指标的计算和分析评价原理。通过实习，使学生掌握公司财务报表分析报告的写作。

二、实习操作要求

1.要求学生按4~5人分组，明确每个学生在该实习项目中需要完成的实习任务和工作职责。

2.要求学生根据实习资料提供的公司财务报表及相关资料组织讨论，并根据讨论的结果按小组编写公司财务报表分析报告。

三、实习资料

（一）模拟实习企业的基本情况

企业名称：万丰市宏伟有限公司

厂　　址：万丰市花溪大道68号

开户银行：中国工商银行花溪大道分理处

账　　号：12000056783

纳税人识别号：520102722131158008

经济性质：股份有限公司

经营范围：生产和销售农用机械

法定代表人：刘新阳

（二）公司股本结构

公司已在外发行股份30 000 000股，面值1元/股，总股本30 000 000元。万丰市宏伟有限公司的股本结构见下表。

万丰市宏伟有限公司的股本结构

序号	股东姓名	持股比例	持股数
1	万丰市国有控股公司	60%	18 000 000
2	李斌	20%	6 000 000
3	王维	20%	6 000 000
4	合计	100%	30 000 000

（三）企业类型及生产工艺过程

万丰市宏伟有限公司是以生产和销售农用机械为主的股份有限公司。公司总股本30 000 000元（已在外发行股份30 000 000股），主要生产和销售甲、乙两种农用机械，预计年生产能力分别为50 000件、80 000件。其工艺流程是：通过煅铸、车、钳、铣、刨、磨和组装等过程生产出甲、乙两种产品。万丰市宏伟有限公司的工艺流程如下图所示。

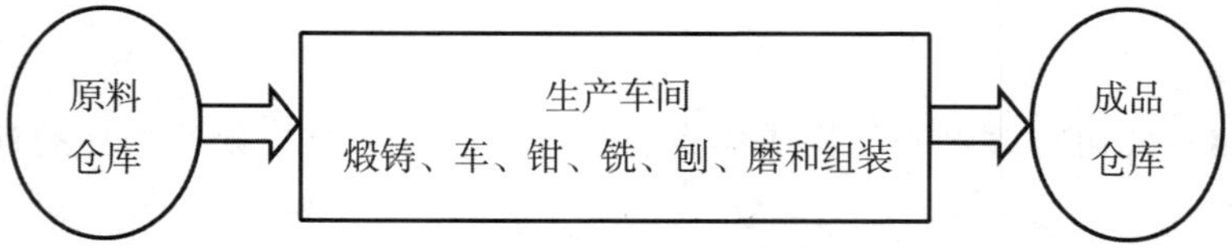

万丰市宏伟有限公司的工艺流程图

（四）万丰市宏伟有限公司2021年、2022年度财务报表资料

请根据第三实习模块中实习项目4财务报表编制实习完成的万丰市宏伟有限公司2022年度财务报表，完成第三部分实习报告——万丰市宏伟有限公司2022年度财务分析报告后的附件材料，编写万丰市宏伟有限公司2022年度财务分析报告。

第三部分 实习报告

万丰市宏伟有限公司

2022年度财务分析报告

附件：万丰市宏伟有限公司2021年、2022年度财务报表。

资产负债表

会企01表

编制单位：万丰市宏伟有限公司　　2021年12月31日　　单位：元

资产	期末余额	年初余额	负债和所有者权益（或股东权益）	期末余额	年初余额
流动资产：			流动负债：		
货币资金	1 256 000	856 000	短期借款	930 000	1 960 000
交易性金融资产	200 000	600 000	交易性金融负债		
衍生金融资产			衍生金融负债		
应收票据	20 000	120 000	应付票据	250 000	380 070
应收账款	420 000	220 000	应付账款	500 000	450 000
应收款项融资			预收款项	100 000	250 000
预付款项	80 000	180 000	合同负债		
其他应收款	5 000	15 000	应付职工薪酬		
存货	2 540 000	1 540 000	应交税费	254 000	225 000
合同资产			其他应付款	414 656	156 228
持有待售资产			持有待售负债		
一年内到期的非流动资产			一年内到期的非流动负债	2 000 000	
其他流动资产			其他流动负债		
流动资产合计	4 521 000	3 531 000	流动负债合计	4 448 656	3 421 298
非流动资产：			非流动负债：		
债权投资			长期借款	2 000 000	4 000 000
其他债权投资			应付债券		
长期应收款			其中：优先股		
长期股权投资			永续债		
其他权益工具投资			租赁负债		
其他非流动金融资产			长期应付款	100 000	
投资性房地产			预计负债		
固定资产	21 572 656	24 184 428	递延收益		
在建工程			递延所得税负债		
生产性生物资产			其他非流动负债		
油气资产			非流动负债合计	2 100 000	4 000 000
使用权资产			负债合计	6 548 656	7 421 298
无形资产	10 680 000	9 800 000	所有者权益（或股东权益）：		
开发支出			实收资本（或股本）	30 000 000	30 000 000
商誉			其他权益工具		
长期待摊费用			其中：优先股		
递延所得税资产			永续债		
其他非流动资产			资本公积	50 000	50 000
非流动资产合计	32 252 656	33 984 428	减：库存股		
			其他综合收益		
			专项储备		
			盈余公积	26 250	6 620
			未分配利润	148 750	37 510
			所有者权益（或股东权益）合计	30 225 000	30 094 130
资产总计	36 773 656	37 515 428	负债和所有者权益（或股东权益）总计	36 773 656	37 515 428

利润表

会企02表

编制单位：万丰市宏伟有限公司　　2021年度　　单位：元

项目	本期金额	上期金额
一、营业收入	17 600 000	8 600 000
减：营业成本	11 200 000	5 200 000
税金及附加	1 760 000	860 000
销售费用	1 700 000	980 000
管理费用	1 513 000	686 000
研发费用	576 000	354 000
财务费用	275 600	184 000
其中：利息费用	321 600	208 000
利息收入	79 000	59 000
加：其他收益		
投资收益（损失以“-”号填列）		
其中：对联营企业和合营企业的投资收益		
以摊余成本计量的金融资产终止确认收益（损失以“-”号填列）		
净敞口套期收益（损失以“-”号填列）		
公允价值变动收益（损失以“-”号填列）		
信用减值损失（损失以“-”号填列）	-11 000	-10 000
资产减值损失（损失以“-”号填列）		
资产处置收益（损失以“-”号填列）		
二、营业利润（亏损以“-”号填列）	564 400	326 000
加：营业外收入	320 000	20 000
减：营业外支出	679 100	280 000
三、利润总额（亏损总额以“-”号填列）	205 300	66 000
减：所得税费用	74 430	21 870
四、净利润（净亏损以“-”号填列）	130 870	44 130
（一）持续经营净利润（净亏损以“-”号填列）	130 870	44 130
（二）终止经营净利润（净亏损以“-”号填列）		
五、其他综合收益的税后净额		
（一）不能重分类进损益的其他综合收益		
1. 重新计量设定受益计划变动额		
2. 权益法下不能转损益的其他综合收益		
3. 其他权益工具投资公允价值变动		
4. 企业自身信用风险公允价值变动		
⋮		
（二）将重分类进损益的其他综合收益		
1. 权益法下可转损益的其他综合收益		
2. 其他债权投资公允价值变动		
3. 金融资产重分类计入其他综合收益的金额		
4. 其他债权投资信用减值准备		
5. 现金流量套期储备		
6. 外币财务报表折算差额		
⋮		
六、综合收益总额	130 870	44 130
七、每股收益：		
（一）基本每股收益	-0.0044	-0.0015
（二）稀释每股收益	0.0044	0.0015

现金流量表

会企03表

编制单位:万丰市宏伟有限公司　　2021年度　　单位:元

项　目	本期金额	上期金额
一、经营活动产生的现金流量:		
销售商品、提供劳务收到的现金	19 638 000	9 628 000
收到的税费返还	0	0
收到其他与经营活动有关的现金	330 000	530 000
经营活动现金流入小计	19 968 000	10 158 000
购买商品、接受劳务支付的现金	12 880 070	7 872 000
支付给职工以及为职工支付的现金	550 000	250 000
支付的各项税费	2 893 430	993 000
支付其他与经营活动有关的现金	2 009 800	906 000
经营活动现金流出小计	18 333 300	10 021 000
经营活动产生的现金流量净额	1 634 700	137 000
二、投资活动产生的现金流量:		
收回投资收到的现金	400 000	200 000
取得投资收益收到的现金	0	0
处置固定资产、无形资产和其他长期资产收回的现金净额	870 900	0
处置子公司及其他营业单位收到的现金净额	0	0
收到其他与投资活动有关的现金	0	0
投资活动现金流入小计	1 270 900	200 000
购建固定资产、无形资产和其他长期资产支付的现金	1 200 000	600 000
投资支付的现金	0	0
取得子公司及其他营业单位支付的现金净额	0	0
支付其他与投资活动有关的现金	0	0
投资活动现金流出小计	1 200 000	600 000
投资活动产生的现金流量净额	70 900	-400 000
三、筹资活动产生的现金流量:		
吸收投资收到的现金	0	0
取得借款收到的现金	930 000	2 000 000
收到其他与筹资活动有关的现金	0	0
筹资活动现金流入小计	930 000	2 000 000
偿还债务支付的现金	1 960 000	1 400 000
分配股利、利润或偿付利息支付的现金	275 600	184 000
支付其他与筹资活动有关的现金	0	0
筹资活动现金流出小计	2 235 600	1 584 000
筹资活动产生的现金流量净额	-1 305 600	416 000
四、汇率变动对现金及现金等价物的影响	0	0
五、现金及现金等价物净增加额	400 000	153 000
加:期初现金及现金等价物余额	856 000	703 000
六、期末现金及现金等价物余额	1 256 000	856 000

资产负债表

会企01表

编制单位：万丰市宏伟有限公司　　2022年12月31日　　单位：元

资产	期末余额	年初余额	负债和所有者权益（或股东权益）	期末余额	年初余额
流动资产：			流动负债：		
货币资金		1 256 000	短期借款		930 000
交易性金融资产		200 000	交易性金融负债		
衍生金融资产			衍生金融负债		
应收票据		20 000	应付票据		250 000
应收账款		420 000	应付账款		500 000
应收款项融资			预收款项		100 000
预付款项		80 000	合同负债		
其他应收款		5 000	应付职工薪酬		
存货		2 540 000	应交税费		254 000
合同资产			其他应付款		414 656
持有待售资产			持有待售负债		
一年内到期的非流动资产			一年内到期的非流动负债		2 000 000
其他流动资产			其他流动负债		
流动资产合计		4 521 000	流动负债合计		4 448 656
非流动资产：			非流动负债：		
债权投资			长期借款		2 000 000
其他债权投资			应付债券		
长期应收款			其中：优先股		
长期股权投资			永续债		
其他权益工具投资			租赁负债		
其他非流动金融资产			长期应付款		100 000
投资性房地产			预计负债		
固定资产		21 572 656	递延收益		
在建工程			递延所得税负债		
生产性生物资产			其他非流动负债		
油气资产			非流动负债合计		2 100 000
使用权资产			负债合计		6 548 656
无形资产		10 680 000	所有者权益（或股东权益）：		
开发支出			实收资本（或股本）		30 000 000
商誉			其他权益工具		
长期待摊费用			其中：优先股		
递延所得税资产			永续债		
其他非流动资产			资本公积		50 000
非流动资产合计		32 252 656	减：库存股		
			其他综合收益		
			专项储备		
			盈余公积		26 250
			未分配利润		148 750
			所有者权益（或股东权益）合计		30 225 000
资产总计		36 773 656	负债和所有者权益（或股东权益）总计		36 773 656

利润表

会企02表

编制单位：万丰市宏伟有限公司　　2022年度　　单位：元

项目	本期金额	上期金额
一、营业收入		17 600 000
减：营业成本		11 200 000
税金及附加		1 760 000
销售费用		1 700 000
管理费用		1 513 000
研发费用		576 000
财务费用		275 600
其中：利息费用		321 600
利息收入		79 000
加：其他收益		
投资收益（损失以“-”号填列）		
其中：对联营企业和合营企业的投资收益		
以摊余成本计量的金融资产终止确认收益（损失以“-”号填列）		
净敞口套期收益（损失以“-”号填列）		
公允价值变动收益（损失以“-”号填列）		
信用减值损失（损失以“-”号填列）		-11 000
资产减值损失（损失以“-”号填列）		
资产处置收益（损失以“-”号填列）		
二、营业利润（亏损以“-”号填列）		564 400
加：营业外收入		320 000
减：营业外支出		679 100
三、利润总额（亏损总额以“-”号填列）		205 300
减：所得税费用		74 430
四、净利润（净亏损以“-”号填列）		130 870
（一）持续经营净利润（净亏损以“-”号填列）		130 870
（二）终止经营净利润（净亏损以“-”号填列）		
五、其他综合收益的税后净额		
（一）不能重分类进损益的其他综合收益		
1. 重新计量设定受益计划变动额		
2. 权益法下不能转损益的其他综合收益		
3. 其他权益工具投资公允价值变动		
4. 企业自身信用风险公允价值变动		
⋮		
（二）将重分类进损益的其他综合收益		
1. 权益法下可转损益的其他综合收益		
2. 其他债权投资公允价值变动		
3. 金融资产重分类计入其他综合收益的金额		
4. 其他债权投资信用减值准备		
5. 现金流量套期储备		
6. 外币财务报表折算差额		
⋮		
六、综合收益总额		130 870
七、每股收益：		
（一）基本每股收益		0.0044
（二）稀释每股收益		0.0044

现金流量表

会企03表

编制单位：万丰市宏伟有限公司　　2022年度　　单位:元

项　目	本期金额	上期金额
一、经营活动产生的现金流量:		
销售商品、提供劳务收到的现金		19 638 000
收到的税费返还		0
收到其他与经营活动有关的现金		330 000
经营活动现金流入小计		19 968 000
购买商品、接受劳务支付的现金		12 880 070
支付给职工以及为职工支付的现金		550 000
支付的各项税费		2 893 430
支付其他与经营活动有关的现金		2 009 800
经营活动现金流出小计		18 333 300
经营活动产生的现金流量净额		163 4700
二、投资活动产生的现金流量:		
收回投资收到的现金		400 000
取得投资收益收到的现金		0
处置固定资产、无形资产和其他长期资产收回的现金净额		870 900
处置子公司及其他营业单位收到的现金净额		0
收到其他与投资活动有关的现金		0
投资活动现金流入小计		1 270 900
购建固定资产、无形资产和其他长期资产支付的现金		1 200 000
投资支付的现金		0
取得子公司及其他营业单位支付的现金净额		0
支付其他与投资活动有关的现金		0
投资活动现金流出小计		1 200 000
投资活动产生的现金流量净额		70 900
三、筹资活动产生的现金流量:		
吸收投资收到的现金		0
取得借款收到的现金		930 000
收到其他与筹资活动有关的现金		0
筹资活动现金流入小计		930 000
偿还债务支付的现金		1 960 000
分配股利、利润或偿付利息支付的现金		275 600
支付其他与筹资活动有关的现金		0
筹资活动现金流出小计		2 235 600
筹资活动产生的现金流量净额		−1 305 600
四、汇率变动对现金及现金等价物的影响		0
五、现金及现金等价物净增加额		400 000
加：期初现金及现金等价物余额		856 000
六、期末现金及现金等价物余额		1 256 000

实习项目3　公司财务预算编制实习

第一部分　实习预备知识

预算是计划工作的成果。它既是决策的具体化，又是控制生产经营活动的依据。预算在传统上被看作控制支出的工具，但新的观念是将其看作“使企业的资源获得最佳生产率和获利率的一种方法”。另外，公司财务中所讲的财务预算与我们日常生活中所说的预算是不完全一样的。日常生活中所说的预算主要是指非营利组织的收支计划或某一项活动、某一项工程的资金需求计划。公司财务中的全面预算反映的是公司全部生产、经营活动的财务计划。它既适用于事业单位，也适用于企业；既包括现金收支、资金需求与融通，也包括经营成果和财务状况。

一、全面预算的内容

全面预算是由一系列预算构成的体系，其内容可以划分为以下三大类：

（一）经营预算（业务预算）

经营预算（业务预算）是为企业供应、生产、销售和管理活动所编制的预算。它主要包括销售预算、生产预算、期末材料存货预算、直接材料预算、直接人工预算、制造费用预算、产品成本预算、销售及管理费用预算等。经营预算是企业全面预算的基础。

（二）专门决策预算

专门决策预算是一种为企业投资决策而编制的预算。它主要包括投资决策预算、资本支出预算、预算图解、保本分析以及预算的可行性研究等。编制专门决策预算，对正确编制经营预算和财务预算有一定影响。

（三）财务预算

财务预算是指反映企业预算期现金收支、经营成果和财务状况的各项预算。它是从企业全局出发，以经营预算和专门决策预算资料为基础综合编制的预算。它主要包括现金预算、预计资产负债表、预计利润表和预计现金流量表等。

全面预算体系各项预算之间相互联系，关系比较复杂，很难用一个简单的办法予以描述。全面预算关系如下图所示。

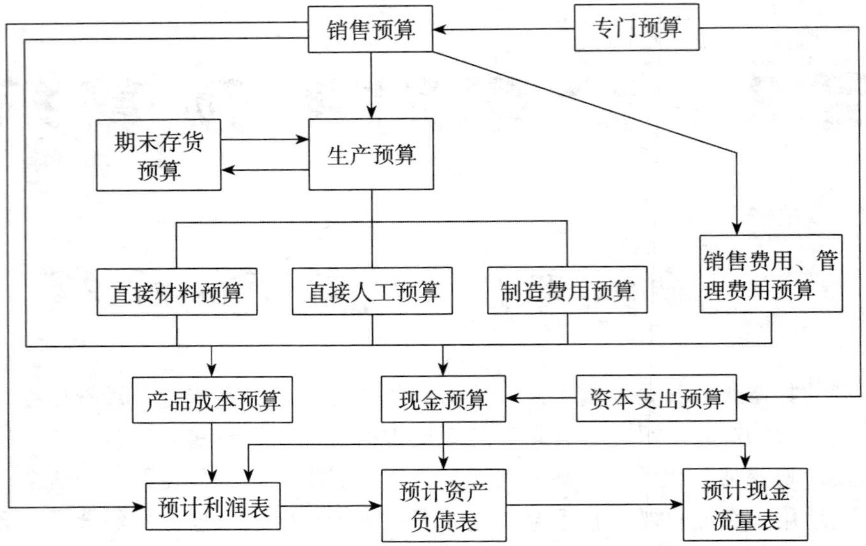

全面预算关系图

二、全面预算的作用

全面预算的作用主要包括以下几个方面：

（一）全面预算是各级各部门工作的奋斗目标

企业的目标是生存、发展和获利。要实现其目标，就应该把总目标分解到各级各部门。各级各部门都完成了各自的具体目标，企业的总目标就能得以实现。

（二）全面预算是各级各部门工作的协调工具

企业内部各级各部门必须协调一致，才能最大限度地实现企业的总目标。各级各部门因其职责不同，往往会出现互相冲突的现象。比如，企业的销售、生产、财务等各部门可以分别编制对本部门来说最好的计划，而该计划在其他部门却不一定行得通。通过编制代表企业整体的最优方案，可以使各级各部门的工作在此基础上协调起来。

（三）全面预算是各级各部门工作的控制标准

计划一经确定，就进入了实施阶段，管理工作的重心就转向控制。也就是说，经济活动按计划进行时，实际状况和计划两者会出现差异。应分析差异，查明原因，及时采取有效的措施。

（四）全面预算是各级各部门工作的考核依据

考核能够使工作更有效率。全面预算可以作为考核各部门工作业绩的依据。

三、全面预算的编制程序

企业预算的编制，涉及经营管理的各个部门。只有执行人参与预算的编制，才能使预算成为他们自愿努力完成的目标。全面预算的编制程序主要包括以下几个步骤：

（1）最高领导机构根据长期规划，利用本量利分析等工具，提出企业一定时期的总目标，并下达规划指标。

（2）基层成本控制人员自行草编预算，使预算能较为可靠，较为符合实际。

（3）各部门汇总部门预算，并初步协调本部门预算，编制销售、生产、财务等业务预算。

（4）预算委员会审查、平衡业务预算，汇总出公司的总预算。

（5）经过执行机构的批准，审议通过或者驳回修改预算。

（6）将主要预算指标报告给董事会，讨论通过或者驳回修改。

（7）将批准后的预算下达给各部门执行。

第二部分　实习项目设计

一、实习目的

通过本实习项目的实习操作，可以使学生熟悉公司全面预算的构成体系以及编制程序和原理，并通过练习掌握公司财务预算的编制。

二、实习操作要求

1.要求学生按4~5人分组，明确每个学生在该实习项目中应完成的实习任务和工作职责。

2.要求学生根据实习资料提供的公司相关资料组织讨论，并根据讨论的结果按小组采用固定预算编制方法，编制公司的经营预算和财务预算。

三、实习资料

模拟实习企业：万丰市宏伟有限公司

万丰市宏伟有限公司2023年度预算编制的相关基础资料如下：

1.根据市场需求情况预测，本公司主要生产和销售的农用机械甲、乙两种产品2023年度的预计销量见下表。

甲、乙两种产品2023年度的预计销量

单位：件

品　种	第一季度	第二季度	第三季度	第四季度	全年合计
甲产品	6 000	13 000	13 000	8 000	40 000
乙产品	12 000	20 000	20 000	12 000	64 000

2.甲、乙产品的计划销售价格分别为____元／件、____元／件（关键数据设计为3位数，参考数据为500元/件、350元/件）。

3.各季度销货款：本季度收款40%，下季度收款60%。2022年年末“应收账款”和“坏账准备”余额见第三实习模块，实习项目3会计账簿登记实习中应收账款和坏账准备总分类账余额，假设该“应收账款”余额在2023年第一季度收回，坏账计提率为应收账款的5%。

4.根据公司经验，每个季度的期末产品存货量为本季度预计销售量的15%，期末材料存货量为本季度预计生产耗用量的10%较为合理。

5.2022年年末，期末产品存货量——甲产品1 200件、乙产品1 550件，期末材料存货量——A材料82.8吨、B材料63.8吨。

6.农用机械甲、乙产品材料、工时耗用标准（定额）见下表。

甲、乙产品材料、工时耗用标准（定额）

项　目	材料标准(定额)		工时标准(定额)
	A材料	B材料	
甲产品	0.05吨/件	0.01吨/件	0.4工时/件
乙产品	0.04吨/件	0.02吨/件	0.5工时/件
材料计划单价	3 300元/吨	5 500元/吨	
计划人工成本率			45元/工时

7.各季度材料采购货款：本季度付款50%，下季度付款50%。2022年年末应付账款余额为250 000元，假设在2023年度第一季度支付。

8.制造费用月耗用标准见下表。

制造费用月耗用标准

单位：元

项　目	间接材料	间接人工	水电费	维修费用	折旧费	其他费用	合　计
制造费用月耗用标准	34 000	35 000	5 500	6 000	84 000	10 000	174 500

9.管理费用月耗用标准见下表。

管理费用月耗用标准

单位：元

项　目	管理用材料	管理人员工薪	水电费	办公费用	折旧费	其他费用	合　计
管理费用月耗用标准	15 000	68 000	7 800	12 000	25 000	12 000	139 800

10.销售费用月耗用标准见下表。

销售费用月耗用标准

单位：元

项　目	运输费用	销售人员工薪	水电费	办公费用	广告费	其他费用	合　计
销售费用月耗用标准	10 000	29 000	800	1 000	20 000	2 000	62 800

11.2023年3月，车间预计购进生产设备200 000元；2023年6月，行政部门预计购进办公设备50 000元。设备价款分两个月支付。

12.所得税按全年预算利润总额的25%计算，按2022年度应交所得税（见第三实习模块，实习项目3会计账簿登记实习中“应交所得税”明细账）分季度预缴四个季度，下年1—5月年末结算清缴。

13.预计在2023年3月按2022年实现的全年净利润（见第三实习模块，实习项目4财务报表编制实习2022年度利润表）的30%向全体股东分配2022年现金股利。

14.本公司增值税预算：进项税额按所有材料采购成本预算的13%预算，按材料采购成本的支付方式支付；销项税额按销售收入预算的13%预算，按销售收入的收款方式收取。本季度上缴80%，下季度上缴20%。

15.本公司销售税费预算：城市维护建设税按应交增值税的7%预算，教育费附加按应交增值税的3%预算。本季度上缴80%，下季度上缴20%。

16.2022年年末“应交税费”余额见第三实习模块，实习项目3会计账簿登记实习中“应交税费”各明细账余额之和，假设“应交税费”余额在2023年第一季度上缴。

17.2022年年末，“短期借款”余额为2 800 000元，其中：2023年5月20日到期借款800 000元，月利息6.5‰，1年期，到期1次还本付息；2023年6月10日到期借款2 000 000万元，月利息7.5‰，半年期，到期1次还本付息。“长期借款（一年内到期）”余额2 000 000元，将于2023年9月30日到期，年利息率12%，每年计息付息1次。

18. 2022年年末“应付利息”余额98 750元，其中：2023年5月20日到期短期借款计提的利息37 700元；2023年6月10日到期短期借款计提的利息1 050元；2023年9月30日到期的长期借款计提的利息为60 000元。

第三部分　实习报告

万丰市宏伟有限公司

2023年度预算报告书

预算编制小组:________________________________预算编制小组负责人:____________________

预算编制日期:　　　　年　　月　　日

目 录

第一章　经营预算 …… 47
第二章　专门决策预算 …… 52
第三章　财务预算 …… 53

第一章　经营预算

一、销售预算

销售预算编制说明:

1.各季度计划销售量和售价，根据公司销售部提供的2023年度销售计划填制。

2.各季度销货款：本季度收款40%，下季度收款60%。

销售预算

2023年度

金额单位:元

项目		第一季度	第二季度	第三季度	第四季度	全年合计
甲产品	预计销售量(件)					
	预计单位售价					
	预计销售收入					
乙产品	预计销售量(件)					
	预计单位售价					
	预计销售收入					
预计销售收入合计						
预计现金收入	上期末应收账款					
	第一季度销售收入 (　　　　)					
	第二季度销售收入 (　　　　)					
	第三季度销售收入 (　　　　)					
	第四季度销售收入 (　　　　)					
	现金收入合计					

二、生产预算

生产预算编制说明:

1.各季度计划销售量，根据公司销售部提供的2023年度销售计划填制。

2.根据公司经验，每个季度的期末产品存货量为本季度预计销售量的15%。

生产预算

2023年度

单位：件

项目		第一季度	第二季度	第三季度	第四季度	全年合计
甲产品	预计销售量					
	加:预计期末结存量					
	合计					
	减:预计期初结存量					
	预计产品生产量					
乙产品	预计销售量					
	加:预计期末结存量					
	合计					
	减:预计期初结存量					
	预计产品生产量					

三、直接材料预算

直接材料预算编制说明：

1. 各季度预计产品生产量，根据公司的生产预算填制。
2. 根据公司经验，每个季度的期末材料存货量为本季度预计生产耗用量的10%较为合理。
3. 各季度材料采购货款：本季度付款50%，下季度付款50%。

直接材料预算

2023年度　　　　金额单位：元

项目			第一季度	第二季度	第三季度	第四季度	全年合计
甲产品	预计产品生产量(件)						
	单位产品材料耗用标准	A材料(吨)					
		B材料(吨)					
乙产品	预计产品生产量(件)						
	单位产品材料耗用标准	A材料(吨)					
		B材料(吨)					
本期产品生产材料需用总量		A材料(吨)					
		B材料(吨)					
加：预计期末材料存货量		A材料(吨)					
		B材料(吨)					
减：预计期初材料存货量		A材料(吨)					
		B材料(吨)					
预计材料采购量		A材料(吨)					
		B材料(吨)					
材料计划单价		A材料(元/吨)					
		B材料(元/吨)					
预计材料采购总金额							
预计现金流出量	期初应付账款						
	第一季度采购款（　　）						
	第二季度采购款（　　）						
	第三季度采购款（　　）						
	第四季度采购款（　　）						
	现金流出合计						

四、直接人工预算

直接人工预算编制说明：

1. 各季度预计产品生产量，根据公司的生产预算填制。

2.各季度预计直接人工总成本，于当期全额现金支付。

直接人工预算

2023年度

金额单位：元

项目		第一季度	第二季度	第三季度	第四季度	全年合计
甲产品	预计产品生产量（件）					
	单位产品工时标准（定额）（工时）					
	预计工时小计（工时）					
乙产品	预计产品生产量（件）					
	单位产品工时标准（定额）（工时）					
	预计工时小计（工时）					
预计工时合计（工时）						
计划人工成本率（元/工时）						
预计直接人工总成本						
预计现金流出量						

五、制造费用预算

制造费用预算编制说明：

1.各费用项目除折旧费外，均为付现项目。

2.间接材料费用：本季度付款50%，下季度付款50%。

制造费用预算

2023年度

单位：元

项目	第一季度	第二季度	第三季度	第四季度	全年合计
间接材料					
间接人工					
水电费					
维修费用					
折旧费					
其他费用					
合计					
预计现金流出量					

预计制造费用小时费用率=制造费用预算总额/全年预计工时合计

=

六、单位产品成本和产品销售成本预算

单位产品成本和产品成本预算编制说明：产品销售数量来源于生产预算中的销售数量。

单位产品成本和产品销售成本预算

2023年度

金额单位：元

项目		直接材料		直接人工	制造费用	合计
		A材料	B材料			
甲产品	单位产品耗用标准					
	标准定价及费用率					
	预计单位产品成本					
	产品销售数量（件）	—		—	—	
	产品销售成本					
乙产品	单位产品耗用标准					
	标准定价及费用率					
	预计单位产品成本					
	产品销售数量（件）	—		—	—	
	产品销售成本					

七、管理费用预算

管理费用预算编制说明：

1.各费用项目除折旧费外，均为付现项目。

2.管理用材料费用：本季度付款50%，下季度付款50%。

管理费用预算

2023年度

单位：元

项目	第一季度	第二季度	第三季度	第四季度	全年合计
管理用材料					
管理人员工薪					
水电费					
办公费用					
折旧费					
其他费用					
合计					
预计现金流出量					

八、销售费用预算

销售费用预算编制说明：各费用项目均为付现项目。

销售费用预算

2023年度

单位：元

项目	第一季度	第二季度	第三季度	第四季度	全年合计
运输费用					
销售人员工薪					
水电费					
办公费用					
广告费					
其他费用					
合计					
预计现金流出量					

九、增值税预算

增值税预算编制说明：

1. 进项税额按所有材料采购成本预算的13%计算，其支付方式同材料采购支付方式。

2. 销项税额按销售收入预算的13%计算，其收款方式同销售收入的收款方式。

3. 应交增值税本季度上缴80%，下季度上缴20%。

增值税预算

2023年度

单位：元

项目		第一季度	第二季度	第三季度	第四季度	全年合计
预计销售收入						
预计销项税额						
材料采购成本	直接材料成本					
	间接材料成本					
	管理用材料					
	材料采购成本合计					
预计进项税额						
预计应交增值税税额						
预计销项税额现金收入	第一季度销项税额 (　　)					
	第二季度销项税额 (　　)					
	第三季度销项税额 (　　)					
	第四季度销项税额 (　　)					
	现金收入合计					
预计进项税额现金流出	第一季度进项税额 (　　)					
	第二季度进项税额 (　　)					
	第三季度进项税额 (　　)					
	第四季度进项税额 (　　)					
	现金流出合计					
预计应交增值税现金流出	期初余额					
	第一季度应交增值税 (　　)					
	第二季度应交增值税 (　　)					
	第三季度应交增值税 (　　)					
	第四季度应交增值税 (　　)					
	现金流出合计					
现金流出总计						

十、销售税费预算

销售税费预算编制说明：城市维护建设税按应交增值税的7%预算，教育费附加按应交增值税的3%预算。本季度上缴80%，下季度上缴20%。

销售税费预算

2023年度　　单位：元

项目		第一季度	第二季度	第三季度	第四季度	全年合计
预计应交增值税税额						
城市维护建设税						
教育费附加						
预计应交销售税费						
预计应交销售税费现金流出	期初余额					
	第一季度应交销售税费(　　)					
	第二季度应交销售税费(　　)					
	第三季度应交销售税费(　　)					
	第四季度应交销售税费(　　)					
	现金流出合计					

十一、坏账准备计提预算

坏账准备计提预算说明：采用应收账款年末余额百分比法计提坏账准备，坏账准备计提率为5%。

坏账准备计提预算

2023年度

应收账款				坏账准备		
年初余额	本年减少额	本年增加额	年末余额	年末余额	年初余额	本年补提或冲减额

十二、所得税费用预算

所得税费用预算编制说明：所得税按全年预算利润总额的25%计算，按2022年度应交所得税（见第三实习模块，实习项目3会计账簿登记实习中“应交所得税”明细账）分季度预缴四个季度，下年1—5月年末结算清缴。

所得税费用预算

2023年度　　金额单位：元

项目		第一季度	第二季度	第三季度	第四季度	全年合计
全年预算利润总额		—	—	—	—	
所得税税率		—	—	—	—	
预计所得税费用		—	—	—	—	
预算所得税费用现金流出	期初余额					
	第一季度预缴					
	第二季度预缴					
	第三季度预缴					
	第四季度清缴					
	现金流出合计					

第二章　专门决策预算

一、设备购置预算

设备购置预算

2023年度　　单位：元

项目	第一季度	第二季度	第三季度	第四季度	全年合计
设备投资额					
预计现金流出量					

二、股利支付预算

股利支付预算

2023年度　　单位：元

项目	第一季度	第二季度	第三季度	第四季度	全年合计
股利支付额					
预计现金流出量					

三、银行借款偿还预算

银行借款偿还预算

2023年度

项　目	第一季度	第二季度	第三季度	第四季度	全年合计
短期借款					
长期借款					
应付利息					
合计					
预计借款偿还现金流出量					

第三章　财务预算

一、现金预算

现金预算编制说明：

1.确定最佳现金余额采用因素分析模式。

2.现金不足时向银行借款融资，借款利息率为6%，借款按1 000元计整；现金多余时还借款本息，利息按取得借款的季初到还款季度末计算。

3.按每个季度期初现金余额，存款年利息率0.9%，计算各个季度存款利息收入作为其他现金流入。

现金预算

2023年度　　　　单位：元

项　目		第一季度	第二季度	第三季度	第四季度	全年合计
期初现金余额						
加：现金流入	销售现金流入					
	增值税销项税额现金流入					
	其他现金流入					
	现金流入合计					
减：现金流出	材料采购支出					
	进项增值税支出					
	上缴增值税支出					
	直接人工支出					
	制造费用支出					
	管理费用支出					
	销售费用支出					
	销售税费支出					
	所得税支出					
	购置设备支出					
	股利支付					
	借款偿还支出					
	现金支出合计					
现金多余或不足						
加：银行借款						
减：偿还银行借款						
支付银行借款利息						
期末现金余额						

最佳现金余额（按1 000元计整）=（上年现金平均余额-不合理占用额）×（1±预计销售收入变动百分比）

二、预算财务报表

预算财务报表编制说明：

1.请根据第三实习模块中“实习项目4 财务报表编制实习”，完成的万丰市宏伟有限公司2022年度财务报表，填写2023年度预算财务报表的“年初余额”栏和“上期金额”栏金额。

2.根据2023年度经营预算、专门决策预算、现金预算，填写2023年度预算财务报表的“期末余额”栏和“本期金额”栏金额。

预计资产负债表

会企01表

编制单位：万丰市宏伟有限公司　　2023年12月31日　　单位：元

资产	期末余额	年初余额	负债和所有者权益（或股东权益）	期末余额	年初余额
流动资产：			流动负债：		
货币资金			短期借款		
交易性金融资产			交易性金融负债		
衍生金融资产			衍生金融负债		
应收票据			应付票据		
应收账款			应付账款		
应收款项融资			预收款项		
预付款项			合同负债		
其他应收款			应付职工薪酬		
存货			应交税费		
合同资产			其他应付款		
持有待售资产			持有待售负债		
一年内到期的非流动资产			一年内到期的非流动负债		
其他流动资产			其他流动负债		
流动资产合计			流动负债合计		
非流动资产：			非流动负债：		
债权投资			长期借款		
其他债权投资			应付债券		
长期应收款			其中：优先股		
长期股权投资			永续债		
其他权益工具投资			租赁负债		
其他非流动金融资产			长期应付款		
投资性房地产			预计负债		
固定资产			递延收益		
在建工程			递延所得税负债		
生产性生物资产			其他非流动负债		
油气资产			非流动负债合计		
使用权资产			负债合计		
无形资产			所有者权益（或股东权益）：		
开发支出			实收资本（或股本）		
商誉			其他权益工具		
长期待摊费用			其中：优先股		
递延所得税资产			永续债		
其他非流动资产			资本公积		
非流动资产合计			减：库存股		
			其他综合收益		
			专项储备		
			盈余公积		
			未分配利润		
			所有者权益（或股东权益）合计		
资产总计			负债和所有者权益（或股东权益）总计		

预计利润表

会企02表

编制单位：万丰市宏伟有限公司　　2023年度　　单位：元

项目	本期金额	上期金额
一、营业收入		
减：营业成本		
税金及附加		
销售费用		
管理费用		
研发费用		
财务费用		
其中：利息费用		
利息收入		
加：其他收益		
投资收益（损失以“-”号填列）		
其中：对联营企业和合营企业的投资收益		
以摊余成本计量的金融资产终止确认收益（损失以“-”号填列）		
净敞口套期收益（损失以“-”号填列）		
公允价值变动收益（损失以“-”号填列）		
信用减值损失（损失以“-”号填列）		
资产减值损失（损失以“-”号填列）		
资产处置收益（损失以“-”号填列）		
二、营业利润（亏损以“-”号填列）		
加：营业外收入		
减：营业外支出		
三、利润总额（亏损总额以“-”号填列）		
减：所得税费用		
四、净利润（净亏损以“-”号填列）		
（一）持续经营净利润（净亏损以“-”号填列）		
（二）终止经营净利润（净亏损以“-”号填列）		
五、其他综合收益的税后净额		
（一）不能重分类进损益的其他综合收益		
1. 重新计量设定受益计划变动额		
2. 权益法下不能转损益的其他综合收益		
3. 其他权益工具投资公允价值变动		
4. 企业自身信用风险公允价值变动		
⋮		
（二）将重分类进损益的其他综合收益		
1. 权益法下可转损益的其他综合收益		
2. 其他债权投资公允价值变动		
3. 金融资产重分类计入其他综合收益的金额		
4. 其他债权投资信用减值准备		
5. 现金流量套期储备		
6. 外币财务报表折算差额		
⋮		
六、综合收益总额		
七、每股收益：		
（一）基本每股收益		
（二）稀释每股收益		

备注：研发费用按管理费用预算总额的38%预算。

预计现金流量表

会企03表

2023年度

编制单位：万丰市宏伟有限公司

单位：元

项　　目	本期金额	上期金额
一、经营活动产生的现金流量：		
销售商品、提供劳务收到的现金		
收到的税费返还		
收到其他与经营活动有关的现金		
经营活动现金流入小计		
购买商品、接受劳务支付的现金		
支付给职工以及为职工支付的现金		
支付的各项税费		
支付其他与经营活动有关的现金		
经营活动现金流出小计		
经营活动产生的现金流量净额		
二、投资活动产生的现金流量：		
收回投资收到的现金		
取得投资收益收到的现金		
处置固定资产、无形资产和其他长期资产收回的现金净额		
处置子公司及其他营业单位收到的现金净额		
收到其他与投资活动有关的现金		
投资活动现金流入小计		
购建固定资产、无形资产和其他长期资产支付的现金		
投资支付的现金		
取得子公司及其他营业单位支付的现金净额		
支付其他与投资活动有关的现金		
投资活动现金流出小计		
投资活动产生的现金流量净额		
三、筹资活动产生的现金流量：		
吸收投资收到的现金		
取得借款收到的现金		
收到其他与筹资活动有关的现金		
筹资活动现金流入小计		
偿还债务支付的现金		
分配股利、利润或偿付利息支付的现金		
支付其他与筹资活动有关的现金		
筹资活动现金流出小计		
筹资活动产生的现金流量净额		
四、汇率变动对现金及现金等价物的影响		
五、现金及现金等价物净增加额		
加：期初现金及现金等价物余额		
六、期末现金及现金等价物余额		

第二实习模块
申报登记模拟实习模块

实习项目1　公司设立工商注册登记实习

第一部分　实习预备知识

一、工商注册登记概述

工商注册登记是指依照《中华人民共和国公司登记管理条例》的规定，对公司的设立、变更、终止等事项，由公司登记机关办理的登记活动。在我国，公司的登记机关是各级市场监督管理部门。国家市场监督管理总局负责下列公司的登记：①国务院国有资产监督管理机构履行出资人职责的公司以及该公司投资设立并持有50%以上股份的公司；②外商投资的公司；③依照法律、行政法规的规定或者国务院的决定，应当由国家市场监督管理总局登记的公司；④国家市场监督管理总局规定应当由其登记的其他公司。省、自治区、直辖市市场监督管理局负责本辖区内下列公司的登记：①省、自治区、直辖市人民政府国有资产监督管理机构履行出资人职责的公司以及该公司投资设立并持有50%以上股份的公司；②省、自治区、直辖市市场监督管理局规定由其登记的自然人投资设立的公司；③依照法律、行政法规或者国务院决定的规定，应当由省、自治区、直辖市市场监督管理局登记的公司；④国家市场监督管理总局授权登记的其他公司。公司只有经公司登记机关依法核准登记，领取“企业法人营业执照”，取得企业法人资格，才能以公司的名义从事经营活动；未经公司登记机关核准登记的，不得以公司的名义从事经营活动。

公司的登记事项包括：名称、住所、法定代表人信息、注册资本、实收资本、公司类型、经营范围、营业期限、有限责任公司股东或者股份有限公司发起人的姓名或者名称等。公司的登记事项应当符合法律、行政法规的规定。不符合法律、行政法规规定的，公司登记机关不予登记。公司名称应当符合国家有关规定。公司只能使用一个名称。经公司登记机关核准登记的公司名称受法律保护。公司的住所是公司主要办事机构所在地。经公司登记机关登记的公司的住所只能有一个。公司的住所应当在其公司登记机关的辖区内。公司的注册资本应当以人民币表示，法律、行政法规另有规定的除外。

二、工商注册登记的程序

（1）向当地市场监督管理部门申请公司名称预先核准。

设立有限责任公司，应当由全体股东指定的代表或者共同委托的代理人向公司登记机关申请名称预先核准；设立股份有限公司，应当由全体发起人指定的代表或者共同委托的代理人向公司登记机关申请名称预先核准。申请名称预先核准应当提交下列文件：①有限责任公司的全体股东或者股份有限公司的全体发起人签署的企业名称预先核准申请书；②全体股东或者发起人指定代表或者共同委托代理人的证明；③国家市场监督管理总局规定要求提交的其他文件。

（2）召开临时董事会议，制定公司章程，研究未来公司计划。

有限责任公司章程应当载明下列事项：①公司名称和住所；②公司经营范围；③公司注册资本；④股东的姓名或者名称；⑤股东的出资方式、出资额和出资时间；⑥公司的机构及其产生办法、职权、议事规则；⑦公司法定代表人；⑧股东会会议认为需要规定的其他事项。

股份有限公司章程应当载明下列事项：①公司名称和住所；②公司经营范围；③公司设立方式；④公司股份总数、每股金额和注册资本；⑤发起人的姓名或者名称、认购的股份数、出资方式和出资时间；⑥董事会的组成、职权和议事规则；⑦公司法定代表人；⑧监事会的组成、职权和议事规则；⑨公司利润分配办法；⑩公司的解散事由与清算办法；⑪公司的通知和公告办法；⑫股东大会会议认为需要规定的其他事项。

（3）发起人出资。

发起人可以用货币出资，也可以用诸如实物、知识产权、土地使用权等可以用货币估价并可以依法转让的非货币财产作价出资，但是法律、行政法规规定不得作为出资的财产除外。

（4）进行工商注册登记，领取工商营业执照。

设立有限责任公司，应当由全体股东指定的代表或者共同委托的代理人向公司登记机关申请设立登记。设立国有独资公司，应当由国务院或者地方人民政府授权的本级人民政府国有资产监督管理机构作为申请人，申请设立登记。法律、行政法规、条例等规定设立有限责任公司必须报经批准的，应当自批准之日起90日内向公司登记机关申请设立登记；逾期申请设立登记的，申请人应当报批准机关确认原批准文件的效力或者另行报批。

申请设立有限责任公司，应当向公司登记机关提交下列文件：①公司法定代表人签署的设立登记申请书；②全体股东指定代表或者共同委托代理人的证明；③公司章程；④依法设立的验资机构出具的验资证明，法律、行政法规另有规定的除外；⑤股东首次出资是非货币财产的，应当在公司设立登记时提交已办理其财产权转移手续的证明文件；⑥股东的主体资格证明或者自然人身份证明；⑦载明公司董事、监事、经理的姓名、住所的文件以及有关委派、选举或者聘用的证明；⑧公司法定代表人任职文件和身份证明；⑨企业名称预先核准通知书；⑩公司住所证明；⑪国家市场监督管理总局规定要求提交的其他文件。

设立股份有限公司，应当由董事会向公司登记机关申请设立登记。以募集方式设立股份有限公司的，应当于创立大会结束后30日内向公司登记机关申请设立登记。

申请设立股份有限公司，应当向公司登记机关提交下列文件：①公司法定代表人签署的设立登记申请书；②董事会指定代表或者共同委托代理人的证明；③公司章程；④依法设立的验资机构出具的验资证明；⑤发起人首次出资是非货币财产的，应当在公司设立登记时提交已办理其财产权转移手续的证明文件；⑥发起人的主体资格证明或者自然人身份证明；⑦载明公司董事、监事、经理姓名、住所的文件以及有关委派、选举或者聘用的证明；⑧公司法定代表人任职文件和身份证明；⑨企业名称预先核准通知书；⑩公司住所证明；⑪国家市场监督管理总局规定要求提交的其他文件。

经公司登记机关核准设立登记并发给“企业法人营业执照”，公司即告成立。公司凭公司登记机关核准发给的“企业法人营业执照”刻制公司印章，到银行开立账户，到税务部门申请纳税登记。

三、“三证合一、一照一码”登记制度改革

根据《国务院关于批转发展改革委等部门法人和其他组织统一社会信用代码制度建设总体方案的通知》（国发〔2015〕33号）、《国务院办公厅关于加快推进“三证合一”登记制度改革的意见》（国办发〔2015〕50号）和《工商总局等六部门关于贯彻落实〈国务院办公厅关于加快推进“三证合一”登记制度改革的意见〉的通知》（工商企注字〔2015〕121号），2015年10月，部分省市开始实施“三证合一、一照一码”登记制度改革。

“三证合一、一照一码”登记是指由申请人向工商行政管理、质量技术监督、税务部门分别申请办理营业执照、组织机构代码证、税务登记证，改为通过“一表申请、一窗受理”的方式向工商行政管理部门申请办理加载统一社会信用代码的营业执照，组织机构代码证和税务登记证不再办理。

四、“五证合一、一照一码”登记制度改革

根据《国务院办公厅关于加快推进“五证合一、一照一码”登记制度改革的通知》(国办发〔2016〕53号)，在全面实施工商营业执照、组织机构代码证、税务登记证“三证合一”登记制度改革的基础上，再整合社会保险登记证和统计登记证，实现“五证合一、一照一码”。要求从2016年10月1日起正式实施“五证合一、一照一码”，在更大范围、更深层次实现信息共享和业务协同，巩固和扩大“三证合一”登记制度改革成果，进一步为企业开办和成长提供便利化服务，降低创业准入的制度性成本，优化营商环境，激发企业活力，推进大众创业、万众创新，促进就业增加和经济社会持续健康发展。

第二部分　实习项目设计

一、实习目的

通过本实习项目的实习操作，使学生熟悉公司设立的基本程序，掌握公司设立需要填写的各项申请书和需要提供的材料。

二、实习操作要求

1.要求根据实习资料填写企业名称预先核准申请书（学生为指定代表或者共同委托代理人）。

2.要求学生根据实习资料填写公司设立登记申请书。

三、实习资料

1.由万丰市国有控股公司发起，在原国有万丰市花溪农机厂的基础上，改制组建万丰市宏伟有限公司。公司预计注册资本3 000万元，等额股份3 000万股。其中，发起人万丰市国有控股公司占60%的股份，以原国有万丰市花溪农机厂旧厂区的土地使用权500亩（约33.33公顷），估价2万元/亩折价入股，不足部分以现金注入；发起人李斌、王维各占20%的股份，全部以现金入股。全部资本已到位。

2.其他资料：

公司核准名称：万丰市宏伟有限公司

厂　　址：万丰市花溪大道68号

经济性质：股份有限公司

经营范围：生产和销售农用机械

法定代表人：刘新阳

身份证号：520103196501234557

第三部分　实习报告

一、企业名称预先核准申请书填写实习

名称预先核准申请书

敬　告

1. 请您认真阅读本表内容和有关注解事项。在申办登记过程中如有疑问，请您登录“××市场监督管理局”网站（www.×××.gov.cn）—“网上办事”—“登记注册”模块查询相关内容，或直接到市场监督管理部门现场咨询。
2. 提交申请前，请您了解相关法律、法规，确知所享有的权利和应承担的义务。
3. 请您如实反映情况，确保申请材料的真实性。
4. 本申请书的电子版可通过上述网址获取。
5. 本申请书请使用正楷字体手填或打印填写。选择手工填写的，请您使用蓝黑或黑色墨水，保持字迹工整，避免涂改；选择打印填写的，请您填好后使用A4纸打印，按申请书完整页码顺序装订成册。

XX 市市场监督管理局

XX ADMINISTRATION FOR INDUSTRY AND COMMERCE

（201×第二版）

本人__________________，接受投资人（合伙人）委托，现向登记机关申请名称预先核准，并郑重承诺：如实向登记机关提交有关材料，反映真实情况，并对申请材料实质内容的真实性负责。

委托人（投资人或合伙人之一）①　　　　申请人（被委托人）②

（签字或盖章）　　　　（签字）

申请人身份证明复印件粘贴处

（身份证明包括：中华人民共和国公民身份证（正反面）、护照（限外籍人士）、长期居留证明（限外籍人士）、港澳永久性居民身份证或特别行政区护照、台湾地区永久性居民身份证或护照、台胞证、军官退休证等）

联系电话：________________________邮政编码：_______________

通信地址：____

申请日期：　　　　年　月　日

注：①委托人可以是本申请书第×页“投资人（合伙人）名录”表中载明的任一投资人（合伙人）。委托人是自然人的，由本人亲笔签字；委托人为非自然人的，加盖其公章；委托人为外方非自然人的，由其法定代表人签字。

②申请人（被委托人）是指受投资人委托到登记机关办理名称预先核准的自然人，也可以是投资人（合伙人）中的自然人，由后者亲自办理的，无须委托人签字。

名称预先核准申请表

<table>
<tr><td>申请名称</td><td colspan="4"></td></tr>
<tr><td rowspan="3">备选字号</td><td>1</td><td></td><td>4</td><td></td></tr>
<tr><td>2</td><td></td><td>5</td><td></td></tr>
<tr><td>3</td><td></td><td>6</td><td></td></tr>
<tr><td>主营业务[1]</td><td colspan="4"></td></tr>
<tr><td rowspan="3">企业类型[2]</td><td colspan="4">内资：
公司制：□有限责任公司　□股份有限公司
非公司制：□全民所有制企业　□集体所有制企业　□股份合作
□合伙企业（□普通合伙　□有限合伙　□特殊普通合伙）
□个人独资企业　□农民专业合作组织　□个体工商户</td></tr>
<tr><td colspan="4">外资：□外资企业（全部由外国投资者投资）　□合资经营企业
□合作经营企业　□股份有限公司
□合伙企业（□普通合伙　□有限合伙　□特殊普通合伙）
□港澳台个体工商户</td></tr>
<tr><td colspan="4">□分支机构</td></tr>
<tr><td>字号许可方式
（无此项可不填写）</td><td colspan="2">□投资人字号/姓名许可
□商标授权许可
□非投资人字号许可</td><td>许可方名称（姓名）
及证照或证件号码</td><td></td></tr>
<tr><td>注册资本（金）或
资金数额或出资额
（营运资金）</td><td colspan="4">（小写）__________万元（如为外币请注明币种）__________</td></tr>
<tr><td>备注说明</td><td colspan="4"></td></tr>
</table>

注：①“主营业务”是指企业所从事的主要经营项目。例如：信息咨询、科技开发等。企业名称中的行业用语表述应当与其“主营业务”一致。主营业务包括两项及以上的，以第一项主营业务确定行业用语。

②填写“企业类型”栏目时，请在相应选项对应的“□”内打“√”。“√”选“分支机构”类型的，请对其所从属企业的类型也进行“√”选。例如：北京华达贸易有限公司分公司的“企业类型”，请选择有限责任公司和分支机构两种类型。

（本申请表中所称企业均包括个体工商户；本页填写不下的，可另复印填写）

投资人（合伙人）名录①

序号	投资人（合伙人）②名称或姓名	投资人（合伙人）证照或身份证件号码	投资人③（合伙人）类型	拟投资额（出资额）（万元）	国别④（地区）或省市（县）
1					
2					
3					
4					
5					
6					

注：①请您认真阅读《投资办照通用指南及风险提示》中有关投资人资格的说明，以免后期更换投资人给您带来不便。

②投资人（合伙人）名称或姓名应当与资格证明文件上的名称或身份证明文件的姓名一致，境外投资人（合伙人）名称或姓名应翻译成中文，填写准确无误。申请设立分支机构，请在“投资人（合伙人）名称或姓名”栏目中填写所隶属企业名称。

③“投资人（合伙人）类型”栏，填自然人、企业法人、事业法人、社团法人或其他经济组织。

④“国别（地区）或省市（县）”栏内，外资企业的投资人(合伙人)填写其所在国别(地区)，内资企业投资人（合伙人）填写证照核发机关所在省、市(县)。

（本页填写不下的可另复印填写）

一次性告知记录

您提交的文件、证件还需要进一步修改或补充，请您按照第____号一次性告知单中的提示部分准备相应文件，此外，还应提交下列文件：

被委托人：　　　　受理人：　　　　年　月　日

二、内资公司设立登记申请书填写实习

内资公司设立登记申请书

公司名称：________

敬　告

1. 请您认真阅读本表内容和有关注解事项。在申办登记过程中如有疑问，请您登录“××市场监督管理”网站（www.×××.gov.cn）—“网上办事”—“登记注册”模块查询相关内容，或直接到市场监督管理部门现场咨询。
2. 提交申请前，请您了解相关法律、法规，确知所享有的权利和应承担的义务。
3. 请您如实反映情况，确保申请材料的真实性。
4. 本申请书的电子版可通过上述网址获取。
5. 本申请书请使用正楷字体手填或打印填写。选择手工填写的，请您使用蓝黑或黑色墨水，保持字迹工整，避免涂改；选择打印填写的，请您填好后使用A4纸打印，按申请书完整页码顺序装订成册。

XX 市市场监督管理局

XX ADMINISTRATION FOR INDUSTRY AND COMMERCE

（201×第二版）

郑 重 承 诺

本人______拟任__________（公司名称）的法定代表人，现向登记机关提出公司设立申请，并就如下内容郑重承诺：

1. 如实向登记机关提交有关材料，反映真实情况，并对申请材料实质内容的真实性负责。

2. 对依法需经批准的经营项目，在取得有关部门批准之前不开展该项目的经营活动，在获得批准后依批准的内容开展经营活动，否则将承担相应的法律责任。

3. 本人不存在《中华人民共和国公司法》第一百四十六条所规定的不得担任法定代表人的情形。

4. 本公司一经设立将自觉参加年度报告，依法主动公示信息，对报送和公示信息的真实性、及时性负责。

5. 本公司一经设立将依法纳税，自觉履行法定统计义务，严格遵守有关法律法规的规定，诚实守信经营。

法定代表人签字：

年　月　日

登记基本信息表

公司名称			
住　所[1]	市　区（县）　（门牌号）		
生产经营地[2]	省（区、市）　市　县　（门牌号）		
法定代表人[3]		注册资本[4]	万元
公司类型			
经营范围			
营业期限	长期/____年	申请副本数	______份
股东（发起人）名称或姓名			

注：①填写住所时请列明详细地址，精确到门牌号或房间号，如“××市××区××路（街）××号××室”。

②生产经营地用于核实税源，请如实填写详细地址；如不填写，视为与住所一致。发生变化的，由企业向税务主管机关申请变更。

③公司“法定代表人”指依据章程确定的董事长（执行董事或经理）。

④“注册资本”有限责任公司为在公司登记机关登记的全体股东认缴的出资额；发起设立的股份有限公司为在公司登记机关登记的全体发起人认购的股本总额；募集设立的股份有限公司为在公司登记机关登记的实收股本总额。

（本页不够填的，可复印续填）

法定代表人、董事、经理、监事信息表[①]

股东在本表的盖章或签字视为对下列人员职务的确认。如另行提交下列人员的任职文件，则无须股东在本表盖章或签字。

姓名	现居所[②]	职务信息			是否为法定代表人[⑤]	法定代表人移动电话
		职务[③]	任职期限	产生方式[④]		
全体股东盖章（签字）[⑥]：						

注：①本页不够填的，可复印续填。

②“现居所”栏，中国公民填写户籍登记住址，非中国公民填写居住地址。

③“职务”指董事长（执行董事）、副董事长、董事、经理、监事会主席、监事。上市的股份有限公司设置独立董事的应在“职务”栏内注明。

④“产生方式”按照章程规定填写，董事、监事一般应为“选举”或“委派”；经理一般应为“聘任”。

⑤担任公司法定代表人的人员，请在对应的“是否为法定代表人”栏内填“√”，其他人员勿填此栏。

⑥“全体股东盖章（签字）”处，股东为自然人的，由股东签字；股东为非自然人的，加盖股东单位公章。不能在此页盖章（签字）的，应另行提交有关选举、聘用的证明文件。

请将董事、经理、监事人员的身份证件复印件粘贴在本页，本页如不够粘贴，可复印使用。

董事、经理、监事人员的身份证件复印件粘贴处
（请正反面粘贴）

董事、经理、监事人员的身份证件复印件粘贴处
（请正反面粘贴）

董事、经理、监事人员的身份证件复印件粘贴处
（请正反面粘贴）

住 所 证 明

公司名称	
住　所[1]	市　　　区（县）　　　（门牌号）
产权人证明[2]	同意将上述地址提供给该公司使用。 产权人盖章（签字）： 年　月　日
需要证明情况[3]	上述住所产权人为__________，房屋用途为________。 特此证明。 证明单位公章：________ 证明单位负责人签字： 年　月　日

注：①请在“住所”一栏写清详细地址，精确到门牌号或房间号，如“××市××区××路（街）××号××室”。

②产权人为单位的，应在“产权人证明”一栏内加盖公章；产权人为自然人的，由产权人亲笔签字。同时，需提交由产权人盖章或签字的“房屋所有权证”复印件。

③若住所暂未取得“房屋所有权证”，可由有关部门在“需要证明情况”一栏盖章，视为对该房屋权属、用途合法性的确认。具体可出证的情况请参见《投资办照通用指南及风险提示》。

自然人股东（发起人）身份证明粘贴页

请将自然人股东（发起人）的身份证件复印件粘贴在本页，本页如不够粘贴，可复印使用。

自然人股东（发起人）身份证件复印件粘贴处（请正反面粘贴）

自然人股东（发起人）身份证件复印件粘贴处（请正反面粘贴）

自然人股东（发起人）身份证件复印件粘贴处（请正反面粘贴）

非自然人股东（发起人）资格证明夹页（一）

请将非自然人股东（发起人）的资格证明*复印件夹在A面和B面之间

（复印件大小控制在A4页面之内）

A面

注：*非自然人股东（发起人）资格证明有关要求参见《投资办照通用指南及风险提示》以及相应的设立登记一次性告知单。

非自然人股东（发起人）资格证明夹页（二）

B面

财务负责人信息①

姓　名		移动电话	
（身份证件复印件粘贴处）			

企业联系人信息②

姓　名		移动电话	
（身份证件复印件粘贴处）			
企业公共联系方式	固定电话		
	电子邮箱		

敬请留意：

①财务负责人：一般由总会计师或财务总监担任，全面负责企业的财务管理、会计核算与监督工作。发生变化的，由企业向税务主管机关申请变更。

②企业联系人：负责本企业与工商等部门的联系沟通，及时转达工商部门对企业传达的信息及相关的法律、法规、规章及政策性意见；向市场监督管理部门反映企业的需求或意见。联系人凭本人个人信息登录企业信用信息公示系统，依法向社会公示本企业有关信息。联系人应了解登记相关法规和企业信息公示有关规定，熟练操作企业信用信息公示系统。企业联系人一经确定应当保持相对稳定，发生变化的，可以在企业申办变更登记时向登记机关进行备案。

（以上各项为必填项，请据实填写）

核发营业执照情况

发照人员签字		发照日期	年　月　日
领执照情况	本人领取了执照正本一份，副本　　份。 签字：　　　　　　　　　　　　　　　　年　月　日		
备　注			

一次性告知记录

您提交的文件、证件还需要进一步修改或补充，请您按照第____号一次性告知单中的提示部分准备相应文件，此外，还应提交下列文件：

被委托人：　　　　　　　　受理人：　　　　　　　　　　　　　　　　年　月　日

实习项目2 税务登记实习

第一部分 实习预备知识

一、税务登记概述

税务登记又称纳税登记，是指税务机关根据税法的规定，对纳税人的生产经营活动进行登记管理的一项基本制度。它是税务机关对纳税人实施税收管理的首要环节和基础工作，是征纳双方法律关系成立的依据和证明，也是纳税人必须依法履行的义务。税务登记有利于税务机关了解纳税人的基本情况，掌握税源，加强征收与管理，防止漏管漏征，建立税务机关与纳税人之间正常的工作联系，强化税收政策和法规的宣传，增强纳税意识等。

根据《国务院关于批转发展改革委等部门法人和其他组织统一社会信用代码制度建设总体方案的通知》（国发〔2015〕33号）、《国务院办公厅关于加快推进“三证合一”登记制度改革的意见》（国办发〔2015〕50号）和《工商总局等六部门关于贯彻落实〈国务院办公厅关于加快推进“三证合一”登记制度改革的意见〉的通知》（工商企注字〔2015〕121号），2015年10月，部分省市开始实施“三证合一、一照一码”登记制度改革。根据《国务院办公厅关于加快推进“五证合一、一照一码”登记制度改革的通知》国办发〔2016〕53号文件，在全面实施工商营业执照、组织机构代码证、税务登记证“三证合一”登记制度改革的基础上，再整合社会保险登记证和统计登记证，实现“五证合一、一照一码”。要求从2016年10月1日起正式实施“五证合一、一照一码”。新设立的企业、农民专业合作社完成“五证合一、一照一码”户信息确认后，其加载统一社会信用代码的营业执照可代替税务登记证使用，不再另行发放税务登记证件。

从事生产、经营的纳税人，税务登记内容发生变化的，自市场监督管理局办理变更登记之日起30日内或者在向市场监督管理局申请办理注销登记之前，持有关证件，向税务机关申报办理变更或者注销税务登记。

税务登记的内容包括开业登记、变更登记、停复业登记、注销登记、税务登记证验证、换证、非正常户处理、税收证明管理。

二、开业登记

各类企业，企业在外地设立的分支机构和从事生产、经营的场所，个人工商户和从事生产、经营的事业单位，应当自领取“五证合一、一照一码”营业执照之后，在首次发生纳税义务时向所在地税务机关申请办理一照一码户信息确认。

纳税人新办企业时根据自身不同情况依申请办理的涉税事项包括：信息确认、发票票种核定、增值税一般纳税人登记、增值税专用发票最高开票限额审批、增值税税控系统专用设备初始发行(含税务 UKey 发放)、发票领用等6条事项。

属于享受税收优惠政策的企业，应当提供相应的证明、资料。

其他需要提供的有关证件、资料，由省、自治区、直辖市税务机关确定。

纳税人申报办理税务登记时，应当领取并填写“税务登记表”和“纳税人税种登记表”。

三、变更登记

纳税人的税务登记发生变化时，应当依法向原税务登记机关申报办理变更税务登记。纳税人在市场监督管理部门办理变更登记的，应当自市场监督管理部门办理变更登记之日起30日内，持下列证件到原税务登记机关申报办理变更税务登记：

（1）变更税务登记申请书；

（2）工商变更登记表及工商执照（注册登记执照）；

（3）纳税人变更登记内容的决议及有关证明文件；

（4）税务机关发放的原税务登记证件（登记证正、副本和登记表等）；

（5）其他有关资料。

纳税人申报办理变更税务登记时，应当领取并填写“税务登记变更表”；涉及税种变更时，同时领取并填写“纳税人税种登记表”。

四、注销登记

纳税人发生解散、破产、撤销以及其他情形（经济性质、注册类型、单位名称、法人代表等变化）时，依法终止纳税义务或迁出现主管税务机关管辖地的。在办理工商登记注销前、终止日起15日内或迁出前，向现主管税务机关管理环节申请办理注销税务登记，领取并填写“注销税务登记申请审批表”。

1.纳税人持填写完毕的“注销税务登记申请审批表”，到发票管理环节、征收环节、稽查环节等环节分别办妥以下手续：

（1）持“增值税专用发票领购簿”“普通发票领购簿”和空白发票，到发票管理环节办理缴销发票；

（2）到稽查环节办理注销前的税款清算事宜；

（3）到征收环节办理清税证明；

（4）到管理环节确认已享受税收优惠情况。

2.将有各环节签字的“注销税务登记申请审批表”连同如下资料交综合业务科税务登记管理环节：

（1）主管部门或董事会（职代会）的决议以及其他有关证明文件；

（2）营业执照被吊销的，应提交市场监督管理部门发放的吊销决定；

（3）主管税务机关原发放的税务登记证件（“税务登记证”正、副本及“税务登记表”）；

（4）主管税务机关需要的其他资料、证件。

纳税人凭“税务文书领取通知单”到综合业务科领取“注销税务登记通知书”。注销登记的纳税人是总机构的，应先办理完分支机构的注销手续，持分支机构的“注销税务登记通知书”办理总机构的注销手续。

纳税人因生产、经营地点发生变化需改变主管税务机关的，在办理注销税务登记时，原主管税务机关在对其注销税务登记的同时，制发“纳税人迁移通知书”，并注明纳税人已经或正在享受税收优惠的情况；纳税人凭“税务文书领取通知单”领取“纳税人迁移通知书”，到迁达地税务登记管理机关重新办理税务登记。

加入防伪税控系统的增值税一般纳税人在注销时，要凭“取消增值税一般纳税人资格审批表”到金税公司注销IC卡、金税卡。卡内有发票的，要缴销发票。

纳税人在规定期限内未办理注销税务登记的，要接受税务机关按《中华人民共和国税收征收管理法》的有关规定进行的违章处理。

实施“三证合一、一照一码”登记制度改革的省市，不再单独进行税务登记申报。

第二部分　实习项目设计

一、实习目的

通过本实习项目的实习操作，使学生熟悉纳税人新办企业时申请办理的涉税事项，掌握公司首次发生纳税义务时向所在地税务机关申请办理一照一码户信息确认和增值税一般纳税人登记。

二、实习操作要求

1.要求根据实习资料填写“多证合一”登记信息确认表。

2.要求学生根据实习资料填写“增值税一般纳税人资格登记表”。

三、实习资料

模拟实习企业基本情况：万丰市宏伟有限公司于2017年1月8日在万丰市市场监督管理局花溪大道分局登记注册，注册资本3 000万元，法定代表人刘新阳（身份证号码:53010219751208102X），统一社会信用代码为520102722131158。公司位于万丰市花溪大道68号（邮编510000），电话0851-34657211，经营范围为生产和销售农用机械，经营期限为30年，聘用中国职工250人，执行企业会计准则，实行个人所得税代扣代缴，开户银行：中国工商银行花溪大道分理处,账号：12000056783。该公司共有股东3人，分别是万丰市国有控股公司（营业执照统一社会信用代码为520102742311267007，电话：0851-34657635，地址：万丰市花溪区体育东路3号，以土地使用权加货币的形式出资1 800万元）、李斌（身份证号码:4201541962××××1645，电话：13897521643，住址：万丰市花溪区东环路27号，以货币出资600万元）、王维（身份证号码:4325781975××××3816，电话：18954623178，住址：万丰市花溪区天河路697号，以货币出资600万元）。该公司财务负责人为实习小组组长（身份证号码：××××，电话:××××），办税员为实习学生本人（身份证号码：××××，电话：××××）

第三部分　实习报告

一、“多证合一”登记信息确认表

“多证合一”登记信息确认表

尊敬的纳税人：

以下是您在市场监督管理部门办理注册登记时提供的信息。为保障您的合法权益，请您仔细阅读，对其中不全的信息进行补充，对不准的信息进行更正，对需要更新的信息进行补正，以便为您提供相关服务。

<table>
<tr><td colspan="8">一、以下信息非常重要，请您务必仔细阅读并予以确认</td></tr>
<tr><td>纳税人名称</td><td colspan="3"></td><td colspan="2">统一社会信用代码</td><td colspan="2"></td></tr>
<tr><td>登记注册类型</td><td></td><td>批准设立机关</td><td></td><td colspan="2">开业（设立）日期</td><td colspan="2"></td></tr>
<tr><td>生产经营期限起</td><td></td><td>生产经营期限止</td><td></td><td>注册地址邮政编码</td><td></td><td>注册地址联系电话</td><td></td></tr>
<tr><td>注册地址</td><td colspan="7"></td></tr>
<tr><td>生产经营地址</td><td colspan="7"></td></tr>
<tr><td>经营范围</td><td colspan="7">（可根据内容调整表格大小）</td></tr>
<tr><td>注册资本</td><td>币种</td><td colspan="2"></td><td>金额</td><td colspan="3"></td></tr>
<tr><td>投资方名称</td><td>证件类型</td><td colspan="3">证件号码</td><td>投资比例</td><td colspan="2">国籍或地址</td></tr>
<tr><td></td><td></td><td colspan="3">□□□□□□□□□□□□□□□□□□□□</td><td></td><td colspan="2"></td></tr>
<tr><td></td><td></td><td colspan="3">□□□□□□□□□□□□□□□□□□□□</td><td></td><td colspan="2"></td></tr>
<tr><td></td><td></td><td colspan="3"></td><td></td><td colspan="2"></td></tr>
<tr><td>项目
联系人</td><td>姓名</td><td>证件类型</td><td colspan="3">证件号码</td><td>固定电话</td><td>移动电话</td></tr>
<tr><td>法定代表人</td><td></td><td></td><td colspan="3">□□□□□□□□□□□□□□□□□□□□</td><td></td><td></td></tr>
<tr><td>财务负责人</td><td></td><td></td><td colspan="3">□□□□□□□□□□□□□□□□□□□□</td><td></td><td></td></tr>
<tr><td colspan="8">二、以下信息比较重要，请您根据您的实际情况予以确认</td></tr>
<tr><td>法定代表人电子邮箱</td><td colspan="3"></td><td colspan="2">财务负责人电子邮箱</td><td colspan="2"></td></tr>
<tr><td>投资总额</td><td>币种</td><td colspan="2"></td><td>金额</td><td colspan="3"></td></tr>
<tr><td colspan="8">若您是总机构，请您确认</td></tr>
<tr><td>分支机构名称</td><td colspan="3"></td><td colspan="2">分支机构统一社会信用代码</td><td colspan="2"></td></tr>
<tr><td>分支机构名称</td><td colspan="3"></td><td colspan="2">分支机构统一社会信用代码</td><td colspan="2"></td></tr>
<tr><td>分支机构名称</td><td colspan="3"></td><td colspan="2">分支机构统一社会信用代码</td><td colspan="2"></td></tr>
<tr><td>⋮</td><td colspan="3"></td><td colspan="2">…</td><td colspan="2"></td></tr>
<tr><td colspan="8">若您是分支机构，请您确认</td></tr>
<tr><td>总机构名称</td><td colspan="3"></td><td colspan="2">总机构统一社会信用代码</td><td colspan="2"></td></tr>
<tr><td colspan="8">经办人：　　　　纳税人（签章）
年　　月　　日</td></tr>
</table>

二、增值税一般纳税人资格登记表

060900000720004992

增值税一般纳税人资格登记表

万丰市宏伟有限公司

纳税人名称			纳税人识别号		
法定代表人（负责人、业主）		证件名称及号码		联系电话	
财务负责人		证件名称及号码		联系电话	
办税人员		证件名称及号码		联系电话	
税务登记日期					
生产经营地址					
注册地址					
纳税人类别：企业□　非企业性单位□　个体工商户□　其他□					
主营业务类别：工业□　商业□　服务业□　其他□					
会计核算健全：是□					
一般纳税人资格生效之日：当月1日□　次月1日□					
纳税人（代理人）承诺： 上述各项内容真实、可靠、完整。如有虚假，愿意承担相关法律责任。 经办人：　法定代表人：　代理人：　（签章） 年　月　日					
以下由税务机关填写					
主管税务机关受理情况	受理人：　主管税务机关（章） 年　月　日				

填表说明：

1.本表由纳税人如实填写。

2.表中“证件名称及号码”相关栏次，根据纳税人的法定代表人、财务负责人、办税人员的居民身份证、护照等有效身份证件及号码填写。

3.表中“一般纳税人资格生效之日”由纳税人自行勾选。

4.主管税务机关（章）指各办税服务厅业务专用章。

5.本表一式二份，主管税务机关和纳税人各留存一份。

实习项目3　纳税申报实习

第一部分　实习预备知识

一、纳税申报概述

纳税申报是指纳税人按照税法规定的期限和内容，向税务机关提交有关纳税事项书面报告的法律行为，是界定纳税人法律责任的主要依据，是税务机关税收管理信息的主要来源和税务管理的重要制度。

纳税申报的对象为纳税人和扣缴义务人。纳税人在纳税期内无论是否发生应纳税款，都应当按照规定办理纳税申报。纳税人享受减税、免税待遇的，在减税、免税期间也应当按照规定办理纳税申报。

纳税人和扣缴义务人的纳税申报和代扣代缴、代收代缴税款报告的主要内容包括：税种、税目，应纳税项目或者应代扣代缴、代收代缴的税款项目，计税依据，扣除项目及标准，适用税率或者单位税额，应退税项目及税额，应减免税项目及税额，应纳税额或者应代扣代缴、代收代缴税额，税款所属期限，延期缴纳的税款、欠税、滞纳金等。

纳税人、扣缴义务人可以采取以下方式进行申报：

1.自行申报：纳税人和扣缴义务人在纳税申报期限内，自行直接到主管税务机关（报税大厅）办理纳税申报手续。

2.邮寄申报：纳税人采取邮寄方式办理纳税申报的，应当使用统一的纳税申报专用信封，并以邮政部门收据作为申报凭据。邮寄申报以寄出的邮戳日期为实际申报日期。这种申报方式比较适宜边远地区的纳税人。

3.数据电文申报：数据电文申报是指税务机关确定的电话语音、电子数据交换和网络传输等电子方式。纳税人采取电子方式办理纳税申报的，应当按照税务机关规定的期限和要求保存有关资料，并定期书面报送主管税务机关。

4.其他方式：实行定期、定额缴纳税款的纳税人可以实行简易申报、简并征期等申报纳税方式。

二、增值税纳税申报

（一）增值税概述

增值税是以应税销售行为和应税劳务在流转过程中产生的增值额为计税依据而征收的一种流转税（商品劳务税）。在我国境内销售货物，提供加工、修理、修配劳务，进口货物，销售服务、无形资产和不动产的单位和个人为增值税的纳税人。可将增值税纳税人划分为一般纳税人和小规模纳税人，年应征增值税销售额500万元及以下，并且会计核算不健全，不能按规定报送有关税务资料的增值税纳税人为小规模纳税人；年应征增值税销售额500万元以上，且会计核算健全，能按规定报送有关税务资料的增值税纳税人为一般纳税人。

（二）增值税纳税义务发生时间

1.发生应税交易，纳税义务发生时间为收讫销售款项或者取得索取销售款项凭据的当天。先开具发票的，为开具发票的当天。

2.视同发生应税交易，纳税义务发生时间为视同发生应税交易完成的当天。

3.进口货物，纳税义务发生时间为进入关境的当天。增值税扣缴义务发生时间为纳税人增值税纳税义务发生的当天。

（三）增值税纳税期限

1.增值税的计税期间分别为10日、15日、1个月、1个季度或者半年。纳税人的具体计税期间，由主管税务机关根据纳税人应纳税额的大小分别核定。以半年为计税期间的规定不适用于按照一般计税方法计税的纳税人。自然人不能按照固定计税期间纳税的，可以按次纳税。

2.纳税人以1个月、1个季度或者半年为一个计税期间的，自期满之日起十五日内申报纳税；以10日或者15日为一个计税期间的，自期满之日起5日内预缴税款，于次月1日起15日内申报纳税并结清上月应纳税款。

3.扣缴义务人解缴税款的计税期间和申报纳税期限，依照前两款规定执行。

4.纳税人进口货物，应当自海关填发海关进口增值税专用缴款书之日起15日内缴纳税款。

5.自2021年8月1日起，附加税费申报表与增值税申报表进行整合申报。

（四）增值税纳税地点

1.有固定生产经营场所的纳税人，应当向其机构所在地或者居住地主管税务机关申报纳税。总机构和分支机构不在同一县（市）的，应当分别向各自所在地的主管税务机关申报纳税；经国务院财政、税务主管部门或者其授权的财政、税务机关批准，可以由总机构汇总向总机构所在地的主管税务机关申报纳税。

2.无固定生产经营场所的纳税人，应当向其应税交易发生地主管税务机关申报纳税；未申报纳税的，由其机构所在地或者居住地主管税务机关补征税款。

3.自然人提供建筑服务、销售或者租赁不动产、转让自然资源使用权，应当向建筑服务发生地、不动产所在地、自然资源所在地主管税务机关申报纳税。

4.进口货物的纳税人，应当向报关地海关申报纳税。

5.扣缴义务人，应当向其机构所在地或者居住地主管税务机关申报、缴纳扣缴的税款。

（五）增值税纳税申报

1.一般纳税人的纳税申报。增值税的一般纳税人，应按主管税务机关核定的纳税期限，如实填写并报送“增值税及附加税费申报表（适用于增值税一般纳税人）”及其增值税及附加税费申报表附列资料（1）（本期销售情况明细表）、增值税及附加税费申报表附列资料（2）（本期进项税额明细表）、增值税及附加税费申报表附列资料（3）（服务、不动产和无形资产扣除项目明细表）、增值税及附加税费申报表附列资料（4）（税额抵减情况表）、增值税及附加税费申报表附列资料（5）（附加税费情况表）和增值税减免税申报明细表。

2.小规模纳税人的纳税申报。增值税的小规模纳税人，应按主管税务机关核定的纳税期限，如实填写并报送“增值税及附加税费申报表（适用于增值税小规模纳税人）”及其增值税及附加税费申报表（小规模纳税人适用）附列资料（1）（服务、不动产和无形资产扣除项目明细表）、增值税及附加税费申报表（小规模纳税人适用）附列资料（2）（附加税费情况表）。

三、企业所得税纳税申报

（一）企业所得税概述

企业所得税是指国家对我国境内的各类企业和其他经济组织（不包括个人独资企业、合伙企业），就其取得的生产、经营所得和其他所得依法征收的一种税。凡在中华人民共和国境内，企业和其他取得收入的组织（以下统称企业）为企业所得税的纳税人。企业所得税的纳税人分为居民企业和非居民企业，实际管理机构在中国境内的企业为居民企业；实际管理机构不在中国境内的企业为非居民企业。

（二）企业所得税汇算清缴制度

企业所得税实行按年计算，分月或分季预缴，年终汇算清缴，多退少补的缴纳办法。企业分月或者分季预缴企业所得税时，应当按照月度或者季度的实际利润额预缴；按照月度或者季度的实际利润额预缴有困难的，可以按照上一纳税年度应纳税所得额的月度或者季度平均额预缴，或者按照经税务机关认可的其他方法预缴。预缴方法一经确定，该纳税年度内不得随意变更。

（三）企业所得税纳税年度

企业所得税按纳税年度计算。纳税年度自公历1月1日起至12月31日止。企业在一个纳税年度中间开业，或者终止经营活动，使该纳税年度的实际经营期不足12个月的，应当以其实际经营期为一个纳税年度。企业依法清算时，应当以清算期间作为一个纳税年度。

（四）企业所得税纳税地点

居民企业以企业登记注册地为纳税地点，但登记注册地在境外的，以实际管理机构所在地为纳税地点，一般不得合并缴纳企业所得税。居民企业在中国境内设立不具有法人资格的营业机构的，应当汇总计算并缴纳企业所得税。

非居民企业在中国境内设立机构、场所的，对其所设机构、场所取得的来源于中国境内的所得，以及发生在中国境外但与其所设机构、场所有实际联系的所得，以机构、场所所在地为纳税地点；非居民企业在中国境内设立两个或者两个以上机构、场所的，经税务机关审核批准，可以选择由其主要机构、场所汇总缴纳企业所得税；非居民企业在中国境内未设立机构、场所的，或者虽设立机构、场所但取得的所得与其所设机构、场所没有实际联系的，其来源于中国境内的所得，以扣缴义务人所在地为纳税地点。

（五）企业所得税纳税申报时间

企业应当自月份或者季度终了之日起15日内，向税务机关报送预缴企业所得税纳税申报表，预缴税款，并于年度终了之日起5个月内，向税务机关报送年度企业所得税纳税申报表，并汇算清缴，结清应缴应退税款。企业在报送企业所得税纳税申报表时，应当按照规定附送财务会计报告和其他有关资料。

企业在纳税年度内无论盈利或者亏损，都应当依照法定期限，向税务机关报送预缴企业所得税纳税申报表、年度企业所得税纳税申报表、财务会计报告和税务机关规定应当报送的其他有关资料。

企业在年度中间终止经营活动的，应当自实际经营终止之日起60日内，向税务机关办理当期企业所得税汇算清缴。企业应当在办理注销登记前，就其清算所得向税务机关申报并依法缴纳企业所得税。

第二部分　实习项目设计

一、实习目的

通过本实习项目的实习操作，使学生熟悉纳税人纳税申报相关知识，掌握一般纳税人增值税纳税申报表和居民企业所得税年终汇算申报表的填写。

二、实习操作要求

1.根据实习资料填写一般纳税人增值税纳税申报表。

2.根据实习资料填写居民企业所得税年终汇算申报表。

三、实习资料

（一）模拟实习企业基本情况：万丰市宏伟有限公司于2017年1月8日在万丰市市场监督管理局花溪大道分局登记注册，注册资本3 000万元，法定代表人刘新阳（身份证号码:53010219751208102X），统一社会信用代码为520102722131158008。公司位于万丰市花溪大道68号（邮编510000），电话0851-34657211，经营范围为生产和销售农用机械，经营期限为30年，聘用中国职工250人，执行企业会计准则，实行个人所得税代扣代缴，开户银行：中国工商银行花溪大道分理处，账号：12000056783。该公司财务负责人为实习小组组长（身份证号码：××××，电话：××××），办税员为实习学生本人（身份证号码：××××，电话：××××）。该公司增值税以1个月为计税期；所得税按上年应交所得税分季度预缴，年终汇算清缴。

（二）模拟实习企业2022年12月份增值税涉税业务和2022年度所得税涉税资料见第三实习模块“实习项目1”中的业务资料。

第三部分　实习报告

一、增值税纳税申报

增值税及附加税费申报表

（一般纳税人适用）

根据国家税收法律法规及增值税相关规定制定本表。纳税人不论有无销售额，均应按税务机关核定的纳税期限填写本表，并向当地税务机关申报。

税款所属时间：自　年　月　日至　年　月　日　　填表日期：　年　月　日　　金额单位：元（列至角分）

纳税人识别号（统一社会信用代码）：□□□□□□□□□□□□□□□□□□□□　所属行业：

纳税人名称：		法定代表人姓名		注册地址		生产经营地址	
开户银行及账号		登记注册类型				电话号码	

项目		栏次	一般项目		即征即退项目	
			本月数	本年累计	本月数	本年累计
销售额	（一）按适用税率计税销售额	1				
	其中：应税货物销售额	2				
	应税劳务销售额	3				
	纳税检查调整的销售额	4				
	（二）按简易办法计税销售额	5				
	其中：纳税检查调整的销售额	6				
	（三）免、抵、退办法出口销售额	7			——	——
	（四）免税销售额	8			——	——
	其中：免税货物销售额	9			——	——
	免税劳务销售额	10			——	——
税款计算	销项税额	11				
	进项税额	12				
	上期留抵税额	13				——
	进项税额转出	14				
	免、抵、退应退税额	15			——	——
	按适用税率计算的纳税检查应补缴税额	16			——	——
	应抵扣税额合计	17=12+13-14-15+16		——		——
	实际抵扣税额	18（如17<11，则为17，否则为11）				——
	应纳税额	19=11-18				
	期末留抵税额	20=17-18				——
	按简易计税办法计算的应纳税额	21				
	按简易计税办法计算的纳税检查应补缴税额	22			——	——
	应纳税额减征额	23				
	应纳税额合计	24=19+21-23				
税款缴纳	期初未缴税额（多缴为负数）	25				
	实收出口开具专用缴款书退税额	26			——	——
	本期已缴税额	27=28+29+30+31				
	①分次预缴税额	28		——		——
	②出口开具专用缴款书预缴税额	29		——	——	——
	③本期缴纳上期应纳税额	30				——
	④本期缴纳欠缴税额	31				——
	期末未缴税额（多缴为负数）	32=24+25+26-27				
	其中：欠缴税额（≥0）	33=25+26-27		——		——
	本期应补(退)税额	34＝24-28-29		——		——
	即征即退实际退税额	35	——	——		
	期初未缴查补税额	36			——	——
	本期入库查补税额	37			——	——
	期末未缴查补税额	38=16+22+36-37			——	——
附加税费	城市维护建设税本期应补（退）税额	39			——	——
	教育费附加本期应补（退）费额	40			——	——
	地方教育附加本期应补（退）费额	41			——	——

声明：此表是根据国家税收法律法规及相关规定填写的，本人（单位）对填报内容（及附带资料）的真实性、可靠性、完整性负责。

纳税人（签章）：　　年　月　日

经办人： 经办人身份证号： 代理机构签章： 代理机构统一社会信用代码：	受理人： 受理税务机关（章）：　受理日期：　年　月　日

二、企业所得税纳税申报

A000000

企业所得税年度纳税申报基础信息表

基本经营情况（必填项目）			
101纳税申报企业类型（填写代码）		102分支机构就地纳税比例（%）	
103资产总额（填写平均值，单位：万元）		104从业人数（填写平均值，单位：人）	
105所属国民经济行业（填写代码）		106从事国家限制或禁止行业	
107适用会计准则或会计制度（填写代码）		108采用一般企业财务报表格式（2019年版）	□是 □否
109小型微利企业	□是 □否	110上市公司	是（□境内 □境外）□否
有关涉税事项情况（存在或者发生下列事项时必填）			
201从事股权投资业务	□是	202存在境外关联交易	□是
203境外所得信息 203-1选择采用的境外所得抵免方式		□分国（地区）不分项 □不分国（地区）不分项	
203境外所得信息 203-2新增境外直接投资信息		□是（产业类别：□旅游业□现代服务业□高新技术产业）	
204有限合伙制创业投资企业的法人合伙人	□是	205创业投资企业	□是
206技术先进型服务企业类型（填写代码）		207非营利组织	□是
208软件、集成电路企业类型（填写代码）		209集成电路生产项目类型	□130纳米 □65纳米 □28纳米
210科技型中小企业 210-1__年（申报所属期年度）入库编号1		210-2入库时间1	
210科技型中小企业 210-3__年（所属期下一年度）入库编号2		210-4入库时间2	
211高新技术企业申报所属期年度有效的高新技术企业证书 211-1证书编号1		211-2发证时间1	
211高新技术企业申报所属期年度有效的高新技术企业证书 211-3证书编号2		211-4发证时间2	
212重组事项税务处理方式	□一般性 □特殊性	213重组交易类型（填写代码）	
214重组当事方类型（填写代码）		215政策性搬迁开始时间	__年__月
216发生政策性搬迁且停止生产经营无所得年度	□是	217政策性搬迁损失分期扣除年度	□是
218发生非货币性资产对外投资递延纳税事项	□是	219非货币性资产对外投资转让所得递延纳税年度	□是
220发生技术成果投资入股递延纳税事项	□是	221技术成果投资入股递延纳税年度	□是
222发生资产（股权）划转特殊性税务处理事项	□是	223债务重组所得递延纳税年度	□是
224研发支出辅助账样式	□2015版 □2021版 □自行设计		

主要股东及分红情况（必须项目）					
股东名称	证件种类	证件号码	投资比例（%）	当年（决议日）分配的股息、红利等权益性投资收益金额	国籍（注册地址）
其余股东合计	—	—			—

A100000

中华人民共和国企业所得税年度纳税申报表（A类）

行次	类别	项　目	金　额
1	利润总额计算	一、营业收入（填写A101010\101020\103000）	
2		减：营业成本（填写A102010\102020\103000）	
3		减：税金及附加	
4		减：销售费用（填写A104000）	
5		减：管理费用（填写A104000）	
6		减：财务费用（填写A104000）	
7		减：资产减值损失	
8		加：公允价值变动收益	
9		加：投资收益	
10		二、营业利润（1-2-3-4-5-6-7+8+9）	
11		加：营业外收入（填写A101010\101020\103000）	
12		减：营业外支出（填写A101010\101020\103000）	
13		三、利润总额（10+11-12）	
14	应纳税所得额计算	减：境外所得（填写A108010）	
15		加：纳税调整增加额（填写A105000）	
16		减：纳税调整减少额（填写A105000）	
17		减：免税、减计收入及加计扣除（填写A107010）	
18		加：境外应税所得抵减境内亏损（填写A108000）	
19		四、纳税调整后所得（13-14+15-16-17+18）	
20		减：所得减免（填写A107020）	
21		减：弥补以前年度亏损（填写A106000）	
22		减：抵扣应纳税所得额（填写A107030）	
23		五、应纳税所得额（19-20-21-22）	
24	应纳税额计算	税率（25%）	
25		六、应纳所得税额（23×24）	
26		减：减免所得税额（填写A107040）	
27		减：抵免所得税额（填写A107050）	
28		七、应纳税额（25-26-27）	
29		加：境外所得应纳所得税额（填写A108000）	
30		减：境外所得抵免所得税额（填写A108000）	
31		八、实际应纳所得税额（28+29-30）	
32		减：本年累计实际已缴纳的所得税额	
33		九、本年应补（退）所得税额（31-32）	
34		其中：总机构分摊本年应补（退）所得税额（填写A109000）	
35		财政集中分配本年应补（退）所得税额（填写A109000）	
36		总机构主体生产经营部门分摊本年应补（退）所得税额（填写A109000）	
37	实际应纳税额计算	减：民族自治地区企业所得税地方分享部分：（□免征　□减征：减征幅度%）	
38		十、本年实际应补（退）所得税额（33-37）	

实习项目4　银行开户登记实习

第一部分　实习预备知识

一、银行开户概述

企业在经济业务往来过程中，需要进行货款收付。这种货款收付行为叫结算。企业结算方法有现金结算和银行转账（支付）结算两种方法。企业采用银行转账（支付）结算，必须在银行开立结算账户。

银行结算账户，是指银行为存款人开立的办理资金收付结算的人民币活期存款账户。银行结算账户按存款人分为单位银行结算账户和个人银行结算账户。存款人以单位名称开立的银行结算账户为单位银行结算账户。单位银行结算账户按用途分为基本存款账户、一般存款账户、专用存款账户、临时存款账户。个体工商户凭营业执照以字号或经营者姓名开立的银行结算账户纳入单位银行结算账户管理。存款人凭个人身份证件以自然人名称开立的银行结算账户为个人银行结算账户。

企业只能在银行开立一个基本存款账户。企业应在注册地或住所地，自主选择银行开立银行结算账户，符合本办法规定可以在异地（跨省、市、县）开立银行结算账户的除外。企业开立基本存款账户、临时存款账户以及预算单位开立专用存款账户实行核准制度，经中国人民银行核准后由开户银行核发开户登记证，但存款人因注册验资需要开立的临时存款账户除外。银行结算账户的开立和使用应当遵守法律、行政法规，不得利用银行结算账户进行偷逃税款、逃废债务、套取现金及其他违法犯罪活动。银行应依法为存款人的银行结算账户信息保密；对单位银行结算账户的存款和有关资料，除国家法律、行政法规另有规定外，银行有权拒绝任何单位或个人查询。

二、基本存款账户

基本存款账户是存款人因办理日常转账结算和现金收付需要而开立的单位银行结算账户。存款人申请开立基本存款账户应确定所属的存款人类别，填写“开立单位银行结算账户申请书（基本存款账户）”，并提供如下资料：

（1）存款人身份证件资料：企业法人，应出具“企业法人营业执照”正本；非法人企业，应出具企业“营业执照”正本。

（2）存款人的法定代表人或单位负责人的身份证明资料。

（3）税务部门颁发的“税务登记证”。

（4）申请重新开立基本存款账户的存款人，还应提供“已开立银行结算账户清单”。

基本存款账户是存款人的主办账户。存款人日常经营活动的资金收付及其工资、奖金和现金的支取，应通过该账户办理。

三、一般存款账户

一般存款账户是存款人因借款或其他结算需要，在基本存款账户开户银行以外的银行营业机构开立的单位银行结算账户。存款人申请开立一般存款账户应填写“开立单位银行结算账户申请书（一般存款账户）”，并提供如下资料：

（1）存款人开设基本存款账户所需的全套资料。

（2）存款人当前的基本存款账户开户许可证。

（3）存款人开立该一般存款账户的证明文件（贷款合同或其他结算需要的证明）。

一般存款账户用于办理存款人借款转存、借款归还和其他结算的资金收付。该账户可以办理现金缴存，但不得办理现金支取。

四、专用存款账户

专用存款账户是存款人按照法律、行政法规和规章，对其特定用途资金进行专项管理和使用而开立的单位银行结算账户。预算管理的存款人开立专用存款账户须经中国人民银行核准；非预算管理的存款人开立专用存款账户由银行机构备案即可。存款人申请开立专用存款账户应填写“开立单位银行结算账户申请书（专用存款账户）”，并提供如下资料：

（1）存款人开设基本存款账户所需的全套资料。

（2）存款人当前的基本存款账户开户许可证。

（3）根据存款人开立专用存款账户的资金性质，还需提供相关批文或协议。

专用存款账户用于办理各项专用资金的收付。专用存款账户能否取现取决于其资金性质，符合取现条件且需要报中国人民银行审批的，银行机构应将“专用存款账户现金支取业务审批单”及该专用存款账户的相关资料一并递交中国人民银行进行审批。

五、临时存款账户

临时存款账户是存款人因临时需要并在规定期限内使用而开立的银行结算账户。存款人设立临时机构、从事异地临时经营活动、注册（增资）验资，可申请开立临时存款账户，填写“开立单位银行结算账户申请书（临时存款账户）”，并须提供如下资料：

（1）存款人（非临时机构）开设基本存款账户所需的全套资料。

（2）存款人（非临时机构）当前的基本存款账户开户许可证。

（3）不同开立原因的临时存款账户，还需提供相关证明资料。

临时存款账户用于办理临时机构以及存款人临时经营活动发生的资金收付。临时存款账户支取现金，应按照国家现金管理的规定办理。注册验资的临时存款账户在验资期间只收不付，注册验资资金的汇缴人应与出资人的名称一致。

第二部分　实习项目设计

一、实习目的

通过本实习项目的实习操作，使学生熟悉银行开户登记的基本程序，掌握公司设立银行开户登记需要填写的各项申请书和需要提供的材料。

二、实习操作要求

1.要求学生根据实习资料填写“开立单位银行结算账户申请书（基本存款账户）”。

2.要求学生根据实习资料填写“开立单位银行结算账户申请书（一般存款账户）”。

三、实习资料

模拟实习企业基本情况

企业名称：万丰市宏伟有限公司

厂　　址：万丰市花溪大道68号

基本户开户银行：中国工商银行花溪大道分理处　　账　　号：12000056783

一般户开户银行：中国建设银行花溪大道分理处　　账　　号：20070049635

纳税人识别号：520102722131158008

经济性质：股份有限公司

经营范围：生产和销售农用机械

法定代表人：刘新阳

第三部分　实习报告

单位银行结算账户申请书

（基本存款账户）

存款人名称		电话	
地址		邮编	
存款人类别		组织机构代码	
法定代表人（　） 单位负责人（　）	姓名		
	证件种类		证件号码
行业分类	A（　）B（　）C（　）D（　）E（　）F（　）G（　）H（　）I（　）J（　） K（　）L（　）M（　）N（　）O（　）P（　）Q（　）R（　）S（　）T（　）		
注册资金		地区代码	
经营范围			
证明文件种类		证明文件编号	
税务登记证编号			
关联企业	关联企业信息填列在“关联企业登记表”上		
账户性质	基本（√）一般（　）专用（　）临时（　）		
资金性质		有效日期至	年　月　日
以下为存款人上级法人或主管单位信息：			
上级法人或主管单位名称			
基本存款账户开户许可证核准号		组织机构代码	
法定代表人（　） 单位负责人（　）	姓名		
	证件种类		
	证件号码		
以下栏目由开户银行审核后填写：			
开户银行名称		开户银行代码	
账户名称		账号	
基本存款账户开户许可证核准号		开户日期	
本存款申请开立单位银行结算账户，并承诺所提供的开户资料真实、有效 存款人（公章） 年　月　日	开户银行审核意见： 经办人（签章） 银行（签章） 年　月　日	中国人民银行审核意见： （非核准类账户除外） 经办人（签章） 中国人民银行（签章） 年　月　日	

填表说明：

1.申请开立临时存款账户，必须填列有效日期；申请开立专用存款账户，必须填列资金性质。

2.该行业标准由银行在营业场所公告。“行业分类”中各字母代表的行业种类如下：A：农、林、牧、渔业；B：采矿业；C：制造业；D：电力、燃气及水的生产供应业；E：建筑业；F：交通运输、仓储和邮政业；G：信息传输、计算机服务及软件业；H：批发和零售业；I：住宿和餐饮业；J：金融业；K：房地产业；L：租赁和商务服务业；M：科学研究、技术服务和地址勘查业；N：水利、环境和公共设施管理；O：居民服务和其他服务业；P：教育业；Q：卫生、社会保障和社会福利业；R：文化、教育和娱乐业；S：公共管理和社会组织；T：国际组织。

3.带括号的选项填“√”。

4.本申请书一式三联：一联开户单位留存，一联开户银行留存，一联中国人民银行当地分支行留存。

由存款人填写　　由银行机构填写

单位银行结算账户申请书

（一般存款账户）

存款人名称			电话		
地址			邮编		
存款人类别		组织机构代码			
法定代表人（ ） 单位负责人（ ）	姓名				
	证件种类		证件号码		
行业分类	A（ ）B（ ）C（ ）D（ ）E（ ）F（ ）G（ ）H（ ）I（ ）J（ ） K（ ）L（ ）M（ ）N（ ）O（ ）P（ ）Q（ ）R（ ）S（ ）T（ ）				
注册资金		地区代码			
经营范围					
证明文件种类		证明文件编号			
税务登记证编号					
关联企业	关联企业信息填列在“关联企业登记表”上				
账户性质	基本（√）一般（ ）专用（ ）临时（ ）				
资金性质		有效日期至	年 月 日		
以下为存款人上级法人或主管单位信息:					
上级法人或主管单位名称					
基本存款账户开户许可证核准号			组织机构代码		
法定代表人（ ） 单位负责人（ ）	姓名				
	证件种类				
	证件号码				
以下栏目由开户银行审核后填写:					
开户银行名称			开户银行代码		
账户名称			账号		
基本存款账户开户许可证核准号			开户日期		
本存款申请开立单位银行结算账户，并承诺所提供的开户资料真实、有效 存款人（公章） 年 月 日		开户银行审核意见: 经办人（签章） 银行（签章） 年 月 日		中国人民银行审核意见: （非核准类账户除外） 经办人（签章） 中国人民银行（签章） 年 月 日	

填表说明：

1.申请开立临时存款账户,必须填列有效日期；申请开立专用存款账户,必须填列资金性质。

2.该行业标准由银行在营业场所公告。“行业分类”中各字母代表的行业种类如下：A：农、林、牧、渔业；B：采矿业；C：制造业；D：电力、燃气及水的生产供应业；E：建筑业；F：交通运输、仓储和邮政业；G：信息传输、计算机服务及软件业；H：批发和零售业；I：住宿和餐饮业；J：金融业；K：房地产业；L：租赁和商务服务业；M：科学研究、技术服务和地址勘查业；N：水利、环境和公共设施管理；O：居民服务和其他服务业；P：教育业；Q：卫生、社会保障和社会福利业；R：文化、教育和娱乐业；S：公共管理和社会组织；T：国际组织。

3.带括号的选项填“√”。

4.本申请书一式三联：一联开户单位留存,一联开户银行留存,一联中国人民银行当地分支行留存。

由存款人填写　　由银行机构填写

第三实习模块

会计核算模拟实习模块

实习项目1　会计凭证填制和审核实习

第一部分　实习预备知识

一、会计凭证

会计凭证是记录经济业务、明确经济责任的书面证明，也是登记账簿的依据：①会计凭证提供经济活动的原始资料，是实行会计监督的依据。②会计凭证是进行会计核算的依据。③会计凭证是对经济业务进行控制的有效手段。

会计凭证按填制的程序和用途不同，分为原始凭证和记账凭证。

二、原始凭证

原始凭证是证明经济业务的发生或完成情况，明确经济责任，并用来作为记账原始依据的一种会计凭证。它是在经济业务发生时取得或填制的。

（一）原始凭证分类

原始凭证按其来源不同，可以分为自制原始凭证和外来原始凭证两种。自制原始凭证，是由本单位经办业务的部门和人员在执行或完成某项经济业务时自行填制的凭证。外来原始凭证，是指在同外单位或个人发生经济业务往来关系时，从对方取得的原始凭证。

原始凭证按其填制方法不同，可以分为一次凭证、累计凭证和汇总凭证。一次凭证是指对一项经济业务或若干项同类经济业务，在其发生后一次填制完毕的原始凭证。外来原始凭证一般都是一次凭证。累计凭证是指在一定时期内连续记载同类经济业务，至期末以其累计数作为记账依据的原始凭证。汇总凭证是指将一定时期内若干张同类经济业务的原始凭证汇总填制的原始凭证。

（二）原始凭证的基本内容

1.填制单位的名称。

2.原始凭证的名称。

3.填制凭证的日期。

4.对外凭证要有接受单位的名称，俗称抬头。

5.经济业务的内容摘要。

6.经济业务所涉及的财物数量、单价和金额。

7.经办人员的签名或盖章。

（三）原始凭证的填制方法

1.自制原始凭证根据经济业务执行和完成的实际情况直接填制。

2.还有一部分自制原始凭证是根据有关账簿记录，对某项经济业务加以归类、整理而编制的。

3.外来原始凭证是由其他单位填制的。

（四）原始凭证填制的要求

1.真实可靠。

2.内容完整。

3.填制及时。

4.书写清楚。

在填制原始凭证时，还应当遵守以下技术要求：

阿拉伯数字应逐个书写清楚，不可连笔书写。阿拉伯数字金额数字的最高位前面应写人民币符号“￥”。在人民币符号“￥”与阿拉伯数字之间，不得留有空白。以元为单位的金额数字一律填写到“角”“分”，无“角”“分”的，角位和分位填写“0”，不得空格。

汉字大写金额数字应符合规定要求。应使用既容易辨认，又不容易涂改的正楷字书写，如壹、贰、叁、肆、伍、陆、柒、捌、玖、拾、佰（或百）、仟（或千）、万、亿、元、角、分、零、整等。不得用一、二（两）、三、四、五、六、七、八、九、十、块、毛、另（0）等字样代替。大写金额前应有“人民币”字样 。“人民币”字样与大写金额之间不得留有空白。大写金额字体之间也应紧密排列，字间距适当。

阿拉伯数字金额中间有“0”或连续有几个“0”时，汉字大写金额只写一个“零”字即可，如105 006元，汉字大写金额应为“人民币壹拾万零伍仟零陆元整”。

凡是规定填写大写金额的各种凭证，如银行结算凭证、发票、运单、提货单、合同、契约等，都必须在填写小写金额的同时，也填写大写金额，且大小写金额应该一致。大小写金额不一致的原始凭证视为无效凭证，应重新填写。

（五）原始凭证的审核

1.审核原始凭证的真实性。审核业务发生的日期、计量单位、经办人员、数量和单价、业务经手人等。

2.审核原始凭证的合法性。审核凭证是否符合有关法规、政策、法令、制度、计划、预算和合同等。

3.审核原始凭证的完整性。审核各项内容是否填写齐全，手续是否完备，文字和数字是否填写清楚等。

4.审核原始凭证的正确性。审核凭证是否填写清楚、正确，数量、单价、金额的计算有无差错，大写和小写金额是否相符等。

5.审核结果的处理：

（1）审核合格的原始凭证，作为编制记账凭证的依据；

（2）手续不完备的原始凭证，补办手续或进行更正；

（3）违法的原始凭证，应拒绝接受，不予报销和付款。

三、记账凭证

记账凭证是指会计人员根据审核无误的原始凭证，用来确定经济业务应借、应贷会计科目及其金额（会计分录）而填制的作为记账依据的一种会计凭证。

（一）记账凭证分类

记账凭证按其用途不同，可分为专用凭证和通用凭证两种。专用凭证是专门用于某一类经济业务的记账凭证，分为收款凭证、付款凭证、转账凭证。通用凭证是不分收款、付款、转账业务，全部业务通用的，采用顺序连续编号的一种记账凭证。

记账凭证按其填制方式不同，可分为复式（或多项）记账凭证和单式（或单项）记账凭证。复式记账凭证是指把一项经济业务所涉及的账户集中填列在一张记账凭证上。单式记账凭证就是把同类经济业务所涉及的每个会计账户分别填制记账凭证，每张记账凭证上只填列一个会计科目。

记账凭证按其是否经过汇总，可分为汇总记账凭证和非汇总记账凭证。汇总记账凭证是根据一定期间的若干张记账凭证按一定的方式汇总编制，据以登记总分类账的凭证，可分为分类汇总记账凭证和全部汇总记账凭证两种。

（二）记账凭证的填制方法

1.专用记账凭证的填制方法

（1）收款凭证的填制。收款凭证是根据现金或银行存款的收款业务的原始凭证填制的。

（2）付款凭证的填制。付款凭证是根据现金或银行存款的付款业务的原始凭证填制的。

对于只涉及“库存现金”和“银行存款”两个账户的业务（即现金与银行存款之间的相互划转的业务），如将现金存入银行以及从银行存款账户提取现金等经济业务，只编付款凭证，不编收款凭证，以避免重复记账。以现金存入银行时，只填制现金付款凭证；从银行提取现金时，只填制银行存款付款凭证。然后，根据付款凭证登记对应账户。

（3）转账凭证的填制。转账凭证是根据有关转账业务的原始凭证填制的。

2.通用凭证的填制方法

通用凭证的填制是由出纳员或会计人员根据审核无误的原始凭证填制的，与转账凭证的填制方法基本相同。

（三）记账凭证填制的要求

1.摘要栏应简单明了地填写经济业务内容的要点，文字说明应准确、简练概括。

2.会计科目使用正确，账户对应关系清楚。

3.金额栏的数字应对准借贷栏次和账户行次正确填写，防止错栏串行的错误。“角”“分”位不留空白。多余的金额栏应划一拉长的“S”或“/”形线注销。

4.各种记账凭证必须每月连续编号。编号时，既可按收款凭证、付款凭证和转账凭证三类分别从第1号起连续编号，例如收字第10号、付字第12号、转字第18号等；也可将收款凭证和付款凭证再划分为现收第×号、银收第×号、现付第×号、银付第×号进行编号。使用通用记账凭证时，不区分收款凭证、付款凭证和转账凭证，而按经济业务发生的先后顺序统一编号。如果一项经济业务需要填制多张记账凭证，可采用“分数编号法”，即每一项经济业务编一个总号，再按凭证张数编几个分号，例如前述单式记账凭证的填制。记账凭证一般每月重新从第1号开始编号，并始终遵循一定的规律，做到不重号、不漏号。

5.每张记账凭证都要注明所附原始凭证或原始凭证汇总表（附件）的张数，以便查对。如有重要资料或原始凭证数量过多需要单独保管，要在记账凭证摘要栏中加以说明，并注明保管地点及编号。

6.记账凭证填写完毕，并与有关原始凭证核对后，要由有关人员签名或盖章。

（四）记账凭证的审核

1.记账凭证是否附有原始凭证或原始凭证汇总表；所附原始凭证的张数、经济内容、金额合计等是否与记账凭证一致且合法。没附原始凭证的记账凭证是否属于调账、结账和更正错账类业务。

2.经济业务是否正常；应借、应贷账户的名称和金额是否正确；账户对应关系是否清晰；所用账户的名称是否符合会计制度的规定。

3.记账凭证中有关项目是否填写齐全；有关人员是否签名或盖章。

4.发现记账凭证的记录错误的处理：

（1）错误的记账凭证尚未登记入账，只需重新编制一张正确的记账凭证；

（2）若错误的记账凭证（审核时未发现）已据以登记入账，错误更正可以采用划线更正法、红字更正法和补充登记法等。

（五）会计凭证的保管

1.每月记账完毕，要将本月的记账凭证按编号顺序整理，检查有无缺号、附件是否齐全，然后加上封面、封底，装订成册，以防散失。

2.某些原始凭证数量过多，体积过大，可以另行装订或单独保管，但应在记账凭证中注明，以备查考。

3.装订成册的会计凭证，应由指定的会计人员负责妥善保管。年度终了，送交会计档案室或企业单位综合档案室归档。如需查阅，应按一定的手续制度进行，一般不得出借。

4.遇有特殊情况，如发生贪污、盗窃等经济犯罪案件，而需要某项凭证作证时，应予复制。避免抽出原始凭证，致使原册残缺。

5.会计凭证的保管期限必须严格执行会计法规的有关规定。一般会计凭证至少保管10年，重要凭证应长期保存，涉外经济业务的凭证永久保存。未到期限，任何人不得随意销毁凭证。保管期满之后，也必须按规定手续报经批准后，方能销毁。

第二部分　实习项目设计

一、实习目的

1.明确原始凭证应具备的基本要素，熟悉部分有代表性的原始凭证的基本格式，掌握填制和审核原始凭证的基本操作技能。

2.明确记账凭证应具备的基本要素，熟悉记账凭证填制与汇总的基本程序，掌握根据原始凭证判断会计分录并填制记账凭证的基本操作技能。

二、实习操作要求

1.属于模拟实习单位自制原始凭证的，要求学生根据给出的数据进行填制，填制完成后编制记账凭证。

2.属于模拟实习单位外来原始凭证的，要求学生根据要求进行审核，并根据审核合格的原始凭证编制记账凭证。

3.记账凭证采用收、付、转专用记账凭证的，其凭证号码采用五类号码法。

4.采用科目汇总表形式，每15天汇总一次编制科目汇总表，并进行凭证装订。

三、实习资料

(一) 模拟实习企业基本情况

企业名称：万丰市宏伟有限公司

厂　　址：万丰市花溪大道68号

开户银行：中国工商银行花溪大道分理处

账　　号：12000056783

纳税人识别号：520102722131158008

经济性质：股份有限公司

经营范围：生产和销售农用机械

法定代表人：刘新阳

(二) 公司股本结构

公司已在外发行股份30 000 000股，面值1元/股，总股本30 000 000元。股本结构见下表。

股本结构

序号	股东姓名	持股比例	持股数
1	万丰市国有控股公司	60%	18 000 000
2	李斌	20%	6 000 000
3	王维	20%	6 000 000
4	合计	100%	30 000 000

(三) 企业类型及生产工艺过程

万丰市宏伟有限公司是以生产和销售农用机械为主的股份有限公司。公司总股本30 000 000元（已在外发行股份30 000 000股），主要生产甲、乙两种农用机械设备。其工艺流程是：通过煅铸、车、钳、铣、刨、磨和组装等过程生产出甲、乙两种产品。工艺流程如下图所示。

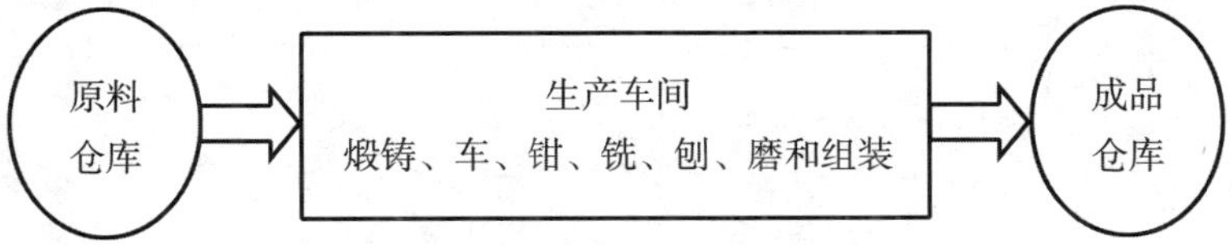

万丰市宏伟有限公司工艺流程图

（四）企业会计核算规定

1.库存现金限额为10 000元，银行存款开立一个结算账户。

2.应收款项采用账龄分析法进行减值测试。

3.存货收、发、结存采用实际成本计价核算，发出存货成本采用全月一次加权平均法计价。

4.产品成本核算采用品种法进行核算。共同费用在甲、乙产品之间分配按产品实耗工时比例分配；月末费用在完工产品和在产品之间分配，采用约当产量比例法。各项费用分配率精确到0.01，尾差由最后的项目负担。成本计算设置直接材料、直接动力、直接人工、制造费用4个成本项目。

5.职工住房公积金：职工个人和单位各承担50%，职工个人承担部分从职工工资中扣取，单位承担部分按应付工资总额的5%计提。工会经费：按应付工资总额的2%计提；职工五项保险金：按应付工资总额的4%计提。

6.本公司为增值税一般纳税人，增值税税率为13%。城市维护建设税按应交增值税的7%计交；教育费附加按应交增值税的3%计交。企业所得税按应纳税所得额的25%计交。

7.本公司按10%计提法定盈余公积，5%计提任意盈余公积，按可供股东分配利润的50%向股东分配现金股利。

8.本公司会计核算程序如下图所示。

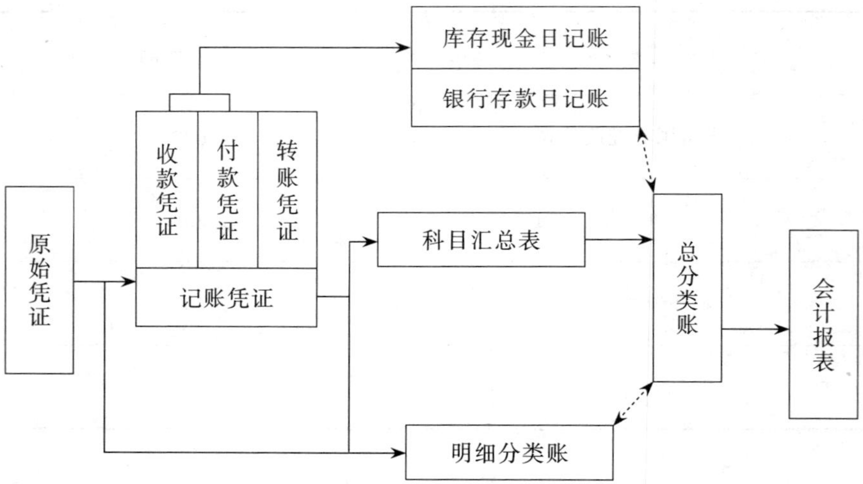

万丰市宏伟有限公司会计核算程序图

(五) 万丰市宏伟有限公司2022年11月30日有关科目余额

1. 总分类科目余额

万丰市宏伟有限公司2022年11月30日科目余额表

单位：元

科目名称	借方余额	科目名称	贷方余额
库存现金	**6 000.00**	短期借款	**800 000.00**
银行存款	**1 450 000.00**	应付票据	**23 000.00**
其他货币资金	**854 179.00**	应付账款	**250 000.00**
交易性金融资产	**120 000.00**	预收账款	**10 000.00**
应收票据	**45 000.00**	其他应付款	**60 000.00**
应收账款	**650 000.00**	应交税费	**112 479.00**
预付账款	**30 000.00**	应付利息	**72 500.00**
其他应收款	**5 000.00**	长期借款	**2 000 000.00**
原材料	**550 000.00**	长期应付款	**100 000.00**
生产成本	**277 600.00**	坏账准备	**21 000.00**
库存商品	**410 000.00**	累计折旧	**5 584 335.00**
债权投资	**200 000.00**	累计摊销	**895 833.33**
固定资产	**24 396 200.00**	股本	**30 000 000.00**
无形资产	**12 100 000.00**	资本公积	**50 000.00**
		盈余公积	**26 250.00**
		本年利润	**939 831.67**
		利润分配	**148 750.00**
合　　计	**41 093 979.00**	合　　计	**41 093 979.00**

2.明细分类科目(简称明细科目)余额

(1)三栏式

三栏式明细分类科目余额表

单位:元

总分类账	明细分类账	金　额	总分类账	明细分类账	金　额
其他货币资金	外埠存款	**50 000**	短期借款	工商银行	**800 000**
	存出投资款	**804 179**	应付票据	武汉钢厂	**23 000**
应收票据	万丰市农机公司	**45 000**	应付账款	宝安钢铁集团公司	**250 000**
应收账款	南宁农机公司	**350 000**	预收账款	安顺农机公司	**10 000**
	万丰市农机公司	**300 000**	其他应付款	保证金	**60 000**
预付账款	重庆钢铁集团公司	**30 000**	应交税费	应交所得税	**−55 821**
其他应收款	刘兴	**5 000**		未交增值税	**153 000**
债权投资	国库券	**200 000**		应交城市维护建设税	**10 710**
固定资产	建筑物	**20 696 200**		应交教育费附加	**4 590**
	机器设备	**3 500 000**	应付利息	短期借款利息	**32 500**
	办公设备	**200 000**		长期借款利息	**40 000**
无形资产	土地使用权	**10 000 000**	长期借款	工商银行	**2 000 000**
	专利A	**1 200 000**	长期应付款	上海机床厂	**100 000**
	专利B	**900 000**	坏账准备	应收账款	**21 000**
累计折旧	建筑物	**4 760 126**	股本	万丰市国有控股公司	**18 000 000**
	机器设备	**805 000**		李斌	**6 000 000**
	办公设备	**19 209**		王维	**6 000 000**
累计摊销	土地使用权	**583 333.33**	资本公积	其他资本公积	**50 000**
	专利A	**230 000**	盈余公积	法定盈余公积	**17 500**
	专利B	**82 500**		任意盈余公积	**8 750**
			利润分配	未分配利润	**148 750**

（2）数量金额式

数量金额式明细分类科目余额表

金额单位：元

总分类账	明细账名称	单位	数量	单位成本	金额
原材料					550 000
	A材料	吨	125	3 300元/吨	412 500
	B材料	吨	25	5 500元/吨	137 500
库存商品					410 000
	甲产品	件	1 000	300元/件	300 000
	乙产品	件	500	220元/件	110 000
交易性金融资产					120 000
	N公司股票	股	10 000	12元/股	120 000

（3）多栏式

多栏式明细分类科目余额表

单位：元

总分类账	明细账名称	直接材料费	直接动力费	直接人工费	制造费用	合计
生产成本						277 600
	甲产品	152 000	6 200	13 000	8 500	179 700
	乙产品	82 000	3 200	8 200	4 500	97 900

（六）万丰市宏伟有限公司2022年12月发生有关经济业务

1.12月1日，签发现金支票从银行提现8 000元备用。(1-1)

2.12月2日，销售科王新科长到上海出差开会，期限10天，到财务预借差旅费5 000元，以现金付讫。(2-1)

3.12月2日，用银行存款上缴上月税费：增值税153 000元、城建税10 710元、教育费附加4 590元。(3-1、3-2、3-3、3-4)

4.12月2日，出售乙产品450件，售价360元/件，增值税税率13%，收到购货单位义力市兴农公司开出的20天到期的商业承兑汇票一张。(4-1、4-2)

5.12月3日，向重庆钢铁集团有限公司购进A材料50吨、B材料50吨。材料已入库，货款上月已预付30 000元，余款用存款支付。运费按重量比例分配。(5-1、5-2、5-3、5-4、5-5、5-6)

6.12月3日，申办银行汇票100 000元，到武汉钢厂购货，支付手续费30元。(6-1、6-2)

7.12月4日，用银行存款购买支票50元。(7-1)

8.12月5日，董事会办公室主任李玉到重庆出差回来报销差旅费(出差日期2022年11月28日—12月2日，出差补助30元/天；往返飞机票各1张，机票500元/张；住宿发票1张，金额400元；市内车票7张，金额120元)，用现金支付。(8-1)

9.12月6日，出售甲产品200件给安顺农机公司，售价500元/件，增值税税率13%。上月已预收订金10 000元，余款已收到并存入银行。(9-1、9-2)

10.12月10日，向银行申请取得6个月的生产资金借款2 000 000元并存入银行。(10-1、10-2)

11.12月11日，开出转账支票支付贵州财经大学对本厂职工培训的培训费12 000元。(11-1、11-2)

12.12月12日，开出转账支票支付保洁费。(12-1、12-2)

13.12月13日，向上海机床厂购进机床1台，直接交生产车间使用(增值税额可抵扣)。(13-1、13-2、13-3、13-4)

14.12月13日，出售甲产品____件（关键数据设计为2 000+小组序号×100，参考数据为：2 000件）给南宁农机公司，售价500元/件，增值税税率13%，另用存款垫付运杂费3 200元，已向银行办妥托收承付手续，款项尚未收到。(14-1、14-2、14-3、14-4)

15.12月14日，向贵州大学购进一项非专利技术30 000元。(15-1、15-2)

16.12月15日，收到用银行汇票向武汉钢厂购买的A材料25吨。材料已入库，余款已转存入银行。运费计入材料成本。(16-1、16-2、16-3、16-4、16-5)

17.12月15日，购买办公用品7 514.50元直接交各部门使用。(17-1、17-2、17-3)

18.12月17日，销售科王新科长到上海出差开会回来报销差旅费(出差日期2022年12月3日—12月12日，出差补助30元/天；往返飞机票各1张，机票1 300元/张；住宿发票1张，金额1 320元；市内车票10张，金额180元)，余款退回现金。(18-1、18-2)

19.12月18日，用现金支付董事会办公设备维修费678元。(19-1)

20.12月19日，开出转账支票支付广告费10 600元。(20-1、20-2)

21.12月20日，开出转账支票向万丰市儿童福利院捐赠20 000元。(21-1、21-2)

22.12月20日，出售产品给万丰市农机公司。其中，甲产品600件，售价500元/件；乙产品500件，售价360元/件。增值税税率13%，收到转账支票，已送存银行。(22-1、22-2)

23.12月21日，委托银行代发工资158 000元，并同时结转代扣款项。(23-1、23-2)

24.12月21日，开出转账支票支付职工住房公积金(职工个人和单位各承担50%)、个人所得税、工会经费(按应付工资总额的2%计算)、职工五项保险金(按应付工资总额的4%计算)。(24-1、24-2、24-3、24-4、24-5、24-6、24-7、24-8)

25.12月22日，接到银行“同城特约委托收款”付款通知联，支付电费57 630元。(25-1、25-2)

26.12月23日，持有的义力市兴农公司开出的20天到期的商业承兑汇票到期，收到款项。(26–1)

27.12月25日，向万丰市特殊钢有限责任公司购进A材料100吨、B材料100吨。材料已入库，货款已用转账支票支付。(27–1、27–2、27–3、27–4)

28.12月26日，计提本月固定资产折旧费(采用年限平均法)。(28–1)

29.12月28日，董事会办公室报销业务招待费12 500元，开出转账支票支付。(29–1、29–2)

30.12月29日，接到银行“同城特约委托收款”付款通知联，支付水费6 540元。(30–1、30–2)

31.12月30日，汇总本月发出材料。材料单价采用全月一次加权平均法计价(材料期初库存：A材料125吨，总成本412 500元；B材料25吨，总成本137 500元)。(31–1、31–2、31–3、31–4、31–5、31–6)

32.12月31日，分配本月水电费。生产甲、乙产品共用电费采用实耗生产工时比例进行分配(本月实耗生产工时：甲产品1 200工时、乙产品800工时)。(32–1、32–2)

33.12月31日，分配本月职工薪酬费用。生产甲、乙产品共用职工薪酬费用采用实耗生产工时比例进行分配(本月实耗生产工时：甲产品1 200工时、乙产品800工时)。(33–1、33–2)

34.12月31日，分配本月制造费用。采用实耗生产工时比例在甲、乙产品之间进行分配(本月实耗生产工时：甲产品1 200工时、乙产品800工时)。(34–1)

35.12月31日，计算结转完工产品成本。生产甲、乙产品所耗材料均在投产时一次投入，故材料费用采用投产量比例在完工产品和在产品之间分配，其他费用采用月末在产品按完工程度折合的约当产量与完工产品数量比例在完工产品和在产品之间分配(甲产品：完工产品3 000件，月末在产品200件，在产品完工程度50%；乙产品：完工产品2 000件，月末在产品1 000件，在产品完工程度50%)。(35–1、35–2、35–3、35–4、35–5)

36.12月31日，计算结转已售产品成本。产品单位成本采用全月一次加权平均法计价(产成品期初库存：甲产品1 000件，总成本300 000元；乙产品500件，总成本110 000元)。(36–1、36–2、36–3、36–4、36–5)

37.12月31日，计算结转本月应交未交增值税。(37–1)

38.12月31日，计算本月应交城市维护建设税(按增值税的7%计缴)和教育费附加(按增值税的3%计缴)。(38–1)

39.12月31日，计算本月短期借款利息(短期借款期初借款本金800 000元，月利息率6.5‰)和长期借款利息(长期借款期初借款本金2 000 000元，年利息率12%，每年9月30日付息一次，到期日为2023年9月30日)。利息费用全部费用化。(39–1)

40.12月31日，摊销无形资产价值。(40–1)

41.12月31日，计算国债投资本年利息收入。(41–1)

42.12月31日，计提本年坏账准备。(42–1)

43.12月31日，持有的N公司股票市价为15元/股，核算其公允价值变动损益。(43–1)

44.12月31日，结转本月各损益类科目的发生额。(44–1、44–2)

45.12月31日，计算并结转本年度所得税(1—11月累计实现税前利润939 831.67元)。(45–1)

46.12月31日，按10%计提法定盈余公积，按5%计提任意盈余公积。(46–1)

47.12月31日，按可供股东分配利润的50%计算应向股东分配的现金股利。(47–1)

48.12月31日，进行年终结账，结转本年净利润和“利润分配”各明细账。(48–1)

1-1

中国工商银行（黔）现金支票存根

XVI 00301880

附加信息

出票日期：　年　月　日

收款人：

金　额：

用　途：

单位主管：　　会计：

中国工商银行　现金支票（黔）XVI 00301880

出票日期(大写)　　年　　月　　日　　付款行名称：

收款人：　　出票人账号：

人民币（大写）	百	十	万	千	百	十	元	角	分

用途

上列款项请从

我账户内支付

出票人签章

刘新阳印

万丰市宏伟有限公司 财务专用章

科　目：

对方科目：

转账日期　年　月　日

复核：　　记账：

2-1

万丰市宏伟有限公司

借款凭单

No.30181004

年　月　日

借款单位		借款人		职务		出差地点	
						出差时间	
借款事由		借款金额（大写）					
部门负责人批示		借款人签章		付款方式			
部门负责人签章		财务负责人审核意见					

3-1

中华人民共和国
税收通用缴款书

（2022）建国缴 14560045 号

填发日期：2022年12月02日　　征收机关：万丰市税务局

缴款单位(人)	代码	520102722131158008	预算科目	编码	520306
	全称	万丰市宏伟有限公司		名称	增值税
	开户银行	工商银行花溪大道分理处		级次	
	账号	12000056783	收缴国库		万丰市国库
税款所属时期：2022年11月01日至2022年11月30日			税款限缴日期：2022年12月05日		
品目名称	课税数量	计税金额	税率或单位税额	已缴或扣除税额	实缴税额
甲、乙产品		1 200 000.00	13%	3 000.00	153 000.00
金额合计	(大写)壹拾伍万叁仟元整				¥153 000.00
税务机关 (签章)		缴款单位 (签章)	上列款项已收妥并划转收款单位账户。 国库(银行)签章：		

第一联 缴款单位完税凭证

3-2

中华人民共和国
税收通用缴款书

（2022）建国缴 24560035 号

填发日期：2022年12月02日　　征收机关：万丰市税务局

缴款单位(人)	代码	520102722131158008	预算科目	编码	604320
	全称	万丰市宏伟有限公司		名称	城市维护建设税
	开户银行	工商银行花溪大道分理处		级次	
	账号	12000056783	收缴国库		万丰市国库
税款所属时期：2022年11月01日至2022年11月30日			税款限缴日期：2022年12月05日		
品目名称	课税数量	计税金额	税率或单位税额	已缴或扣除税额	实缴税额
实缴增值税税额		153 000.00	7%		10 710.00
金额合计	(大写)壹万零柒佰壹拾元整				¥10 710.00
税务机关 (签章)		缴款单位 (签章)	上列款项已收妥并划转收款单位账户。 国库(银行)签章：		

第一联 缴款单位完税凭证

3-3

中华人民共和国
税收通用缴款书

(2022)建国缴24560036号

填发日期：2022年12月02日　　征收机关：万丰市税务局

缴款单位(人)	代码	520102722131158008	预算科目	编码	604320
	全称	万丰市宏伟有限公司		名称	教育费附加
	开户银行	工商银行花溪大道分理处		级次	
	账号	12000056783	收缴国库		万丰市国库
税款所属时期：2022年11月01日至2022年11月30日			税款限缴日期：2022年12月05日		

品目名称	课税数量	计税金额	税率或单位税额	已缴或扣除税额	实缴税额
实缴增值税税额		153 000.00	3%		4 590.00
金额合计	(大写)肆仟伍佰玖拾元整				¥4 590.00
税务机关 (签章)		缴款单位 (签章)		上列款项已收妥并划转收款单位账户。 国库(银行)签章：	

第一联　缴款单位完税凭证

（印章：万丰市税务局 征税专用章；工行花溪大道分理处 2022.12.02 转讫）

3-4

中国工商银行 转账支票存根（黔） ZVI00301884 出票日期：　年　月　日 收款人： 金额： 用途： 单位主管：　会计：	中国工商银行转账支票（黔）　ZVI 00301884 出票日期（大写）　年　月　日　付款行名称： 收款人：　出票人账号： 人民币（大写）　百 十 万 千 百 十 元 角 分 用途 上列款项请从我账户内支付 出票人签章 科目： 对方科目： 转账日期　年　月　日 复核：　记账：

（印章：万丰市宏伟有限公司 财务专用章；刘新印）

4-1

商业承兑汇票

No.30203455

签发日期：贰零贰贰年壹拾贰月零贰日　　第302013号

收款人	全称	万丰市宏伟有限公司	付款人	全称	义力市兴农公司
	账号	12000056783		账号	13000068643
	开户银行	工商银行花溪大道分理处		开户银行	工商银行海尔大道分理处
汇票金额	人民币（大写）	壹拾捌万叁仟零陆拾元整	千 百 十 万 千 百 十 元 角 分		¥ 1 8 3 0 6 0 0 0
汇票到期日		贰零贰贰年壹拾贰月贰拾贰日	交易合同号		0712003

备注：
本汇票已经本单位承兑，到期日无条件支付票款。

付款人：义力市兴农公司
付款人签章：

备注：

（印章：义力市兴农公司 财务专用章）

4-2

贵州增值税专用发票

此联不作报销、扣税凭证使用

开票日期：　　年　月　日　　　　No. 02063471

购买方	名　　称：义力市兴农公司 纳税人识别号：854585069862329009 地址、电话：义力市海尔大道168号（电话略） 开户行及账号：工商银行海尔大道分理处13000068643					密码区	（略）
货物或应税劳务、服务名称	单位	数量	单价	金　额	税率	税　额	
合　计							
价税合计（大写）						（小写）	
销售方	名　　称： 纳税人识别号： 地址、电话： 开户行及账号：					备注	

收款人：　　复核：　　开票人：　　销售方：(章)

第一联：记账联　销售方记账凭证

5-1

重庆增值税专用发票

发票联

开票日期：2022年11月27日　　　　No. 02063562

购买方	名　　称：万丰市宏伟有限公司 纳税人识别号：520102722131158008 地址、电话：万丰市花溪大道68号（电话略） 开户行及账号：工商银行花溪大道分理处12000056783					密码区	（略）
货物或应税劳务、服务名称	单位	数量	单价	金　额	税率	税　额	
A材料	吨	50	3 000.00	150 000.00	13%	19 500.00	
B材料	吨	50	5 000.00	250 000.00	13%	32 500.00	
合　计				¥400 000.00		¥52 000.00	
价税合计（大写）	肆拾伍万贰仟元整					（小写）¥452 000.00	
销售方	名　　称：重庆钢铁集团有限公司 纳税人识别号：402514321556322002 地址、电话：重庆市桥东路23号（电话略） 开户行及账号：工行重庆市桥东办65-2233-115					备注	重庆钢铁集团有限公司 402514321556322002 发票专用章

收款人：李　莉　　复核：张　东　　开票人：王民生　　销售方：(章)

第三联：发票联　购买方记账凭证

5-2

货物运输业增值税专用发票

开票日期：2022年11月28日　　　　No. 02073562

承运人及纳税人识别号	重庆市铁路局 402987678256678909	密码区	（略）
实际受票方及纳税人识别号	万丰市宏伟有限公司 520102722131158008		
收货人及纳税人识别号	万丰市宏伟有限公司 520102722131158008	发货人及纳税人识别号	重庆钢铁集团有限公司 402514321556320022
起运地、经由地、到达地	重庆市、义力市、万丰市		
费用项目及金额	费用项目 运费　金额 18 348.62	运输货物信息	钢材
合计金额	¥18 348.62　税率 9%　税额 ¥1 651.38	机器编号	499900633378
价税合计（大写）	贰万元整　（小写）¥20 000.00		
车种车号	成铁 H6789　车船吨位 1 000	备注	完税凭证号码：57645589
主管税务机关及代码	重庆市税务局 4025368		

收款人：王玉龙　　复核人：张晓文　　开票人：刘平　　承运人：（章）

第三联：发票联　受票方记账凭证

5-3

万丰市宏伟有限公司材料入库通知单

2022年12月03日　　　　No.481

材料名称	材质	规格	单位	数量		单价	金额	运杂费	金额合计	发货单位
				应收	实收					
A材料			吨	50	50	3 000.00	150 000.00			重庆钢铁集团有限公司
合　计										

财务主管：　　供应科长：李林　　仓库验收：李平　　采购员：张宇

第二联　记账联

5-4

万丰市宏伟有限公司材料入库通知单

2022年12月03日　　　　No.482

材料名称	材质	规格	单位	数量		单价	金额	运杂费	金额合计	发货单位
				应收	实收					
B材料			吨	50	50	5 000.00	250 000.00			重庆钢铁集团有限公司
合　计										

财务主管：　供应科长：李林　仓库验收：李平　采购员：张宇

第二联　记账联

5-5

中国工商银行托收承付凭证(付款通知)　2　第　号

委托日期：2022年11月28日　　　　No.221

付款人	全　称	万丰市宏伟有限公司	收款人	全　称	重庆钢铁集团有限公司
	账　号	12000056783		账　号	65-2233-115
	开户银行	工商银行花溪大道分理处		开户银行	工行重庆市桥东办

托收金额	人民币（大写）	肆拾肆万贰仟元整	百	十	万	千	百	十	元	角	分
			¥	4	4	2	0	0	0	0	0

附件		商品发运情况	合同名称
附寄单证张数	3	铁路运输	购销合同18-257

备注：

款项支付日期：2022年12月03日

付款行签章：（花溪大道分理处 2022.12.03 复核）

单位主管：　会计：　复核：　记账：李明

此联为付款人开户行交给付款人的付款通知

5-6

万丰市宏伟有限公司材料运杂费分配单

2022年12月03日　　　　No.483

<table>
<tr><td rowspan="2">材料名称</td><td rowspan="2">单位</td><td colspan="2">数量</td><td rowspan="2">分配率</td><td rowspan="2">运杂费分配金额</td></tr>
<tr><td>应收</td><td>实收</td></tr>
<tr><td>A材料</td><td>吨</td><td>50</td><td>50</td><td></td><td></td></tr>
<tr><td>B材料</td><td>吨</td><td>50</td><td>50</td><td></td><td></td></tr>
<tr><td>合　计</td><td></td><td></td><td>100</td><td></td><td></td></tr>
</table>

审核：　　　　制单：

6-1

中国工商银行万丰市分行邮、电手续费收费凭证(借方凭证) ①

委托日期:2022年12月03日　　　　No.2654

<table>
<tr><td colspan="5">缴款人名称</td><td colspan="10">万丰市宏伟有限公司</td><td colspan="7">信（电）汇　笔　汇票1笔　其他　笔</td></tr>
<tr><td colspan="5">账　号</td><td colspan="10">12000056783</td><td colspan="7">异托、委托　笔　支票　本　专用托收　笔</td></tr>
<tr><td colspan="5">邮费金额</td><td colspan="5">电报费金额</td><td colspan="5">手续费金额</td><td colspan="6">合计金额</td><td rowspan="4">签　章
工行花溪大道分理处
2022.12.03
转讫</td></tr>
<tr><td>百</td><td>十</td><td>元</td><td>角</td><td>分</td><td>百</td><td>十</td><td>元</td><td>角</td><td>分</td><td>百</td><td>十</td><td>元</td><td>角</td><td>分</td><td>千</td><td>百</td><td>十</td><td>元</td><td>角</td><td>分</td></tr>
<tr><td></td><td></td><td></td><td></td><td></td><td></td><td></td><td></td><td></td><td></td><td>¥</td><td>3</td><td>0</td><td>0</td><td>0</td><td></td><td>¥</td><td>3</td><td>0</td><td>0</td><td>0</td></tr>
<tr><td></td><td></td><td></td><td></td><td></td><td></td><td></td><td></td><td></td><td></td><td></td><td></td><td></td><td></td><td></td><td></td><td></td><td></td><td></td><td></td><td></td></tr>
<tr><td colspan="5">合计金额</td><td colspan="16">人民币（大写）叁拾元整</td></tr>
</table>

复核：　　　　收款：王　芳　　　　制单：

6-2

中国工商银行汇票申请书(存根) 1

申请日期:2022年12月03日　　　　第12345号

<table>
<tr><td>收 款 人</td><td colspan="2">武汉钢厂</td><td>汇 款 人</td><td colspan="10">万丰市宏伟有限公司</td></tr>
<tr><td>账号或地址</td><td colspan="2">32733879076</td><td>账号或地址</td><td colspan="10">12000056783</td></tr>
<tr><td>兑付地点</td><td>武汉市</td><td>兑付银行</td><td>建行武昌办</td><td colspan="5">汇款用途</td><td colspan="5">购货</td></tr>
<tr><td rowspan="2">汇票金额</td><td colspan="3" rowspan="2">人民币（大写）拾万元整</td><td>千</td><td>百</td><td>十</td><td>万</td><td>千</td><td>百</td><td>十</td><td>元</td><td>角</td><td>分</td></tr>
<tr><td></td><td>¥</td><td>1</td><td>0</td><td>0</td><td>0</td><td>0</td><td>0</td><td>0</td><td>0</td></tr>
<tr><td colspan="4">备注：
工行花溪大道分理处
2022.12.03
转讫</td><td colspan="10">科　　目：
对方科目：
财务主管：　复核：　经办：黎明</td></tr>
</table>

此联由汇款人作记账联

7-1

中国工商银行万丰市分行邮、电手续费收费凭证(借方凭证) ①

委托日期:*2022*年*12*月*04*日　　　　No.2673

缴款人名称					万丰市宏伟有限公司										信（电）汇　笔　汇票　笔　其他　笔						
账　号					*12000056783*										异托、委托　笔　支票 *2* 本　专用托收　笔						
邮费金额					电报费金额					手续费金额					合计金额						签　章
百	十	元	角	分	百	十	元	角	分	百	十	元	角	分	千	百	十	元	角	分	
										¥	*5*	*0*	*0*	*0*		¥	*5*	*0*	*0*	*0*	
																					工行花溪大道分理处 2022.12.04 转讫
合计金额					人民币（大写）：伍拾元整																

复核：　　　　收款：王　芳　　　　制单：

8-1

万丰市宏伟有限公司

差 旅 费 报 销 单

部门：　　　　年　　月　　日

出发地			到达地			公出补助			车船飞机费	卧铺	住宿费	市内车费	邮电费	其他	合计金额
月	日	地点	月	日	地点	天数	标准	金额							
合　计															
合计人民币(大写)													¥		

借款金额		退补金额		退补方式		领导意见	

附件　张

单位领导：　　　　财务主管：　　　　公出人姓名：　　　　审核人：

9-1

中国工商银行进账单(回单) 1

2022年12月06日　　　　第12543号

收款人	万丰市宏伟有限公司	汇款人	安顺农机公司
账号	12000056783	账号	12023658255
开户银行	工商银行花溪大道分理处	开户银行	农业银行黄果树大道分理处

人民币(大写) 壹拾万叁仟元整

千	百	十	万	千	百	十	元	角	分
	¥	1	0	3	0	0	0	0	0

备注：

工行花溪大道分理处
2022.12.06
复核

票据种类：银行汇票

票据张数：1

财务主管：　复核：　经办：李明
会计：　记账：

此联是收款人开户行交收款人的回单

9-2

贵州增值税专用发票

此联不作报销、扣税凭证使用

国家税务总局 贵州省税务局

开票日期：　年　月　日　　　　No.02063472

购买方	名称：安顺农机公司 纳税人识别号：853585079963425005 地址、电话：安顺市黄果树大道256号（电话略） 开户行及账号：农业银行黄果树大道分理处12023658255				密码区	（略）
货物或应税劳务、服务名称	单位	数量	单价	金额	税率	税额
合计						
价税合计（大写）					（小写）	
销售方	名称： 纳税人识别号： 地址、电话： 开户行及账号：				备注	

收款人：　复核：　开票人：　销售方：(章)

第一联：记账联　销售方记账凭证

10−1

中国工商银行贷款申请书(回单)　4

申请日期:2022年12月03日　　贷款日期:2022年12月10日　　No. 12067

贷款单位全称	万丰市宏伟有限公司	贷款户账号	12000076854	存款户账号	12000056783
贷款金额（大写）贰佰万元整				亿 千 百 十 万 千 百 十 元 角 分 ¥ 2 0 0 0 0 0 0 0 0	
贷款种类	流动资金借款	月利息率	7.5‰	约定还款日期	2021年6月10日
上列款项已核准发放并转入指定账户。 签章：				备注： 贷款月利息率 7.5‰	

工行花溪大道分理处
2022.12.10
转讫

10−2

中国工商银行进账单(回单)　1

2022年12月10日　　第12553号

收 款 人	万丰市宏伟有限公司	付 款 人	中国建设银行万丰市支付
账　　号	12000056783	账　　号	1500002309004600216
开户银行	工商银行花溪大道分理处	开户银行	（略）
人民币(大写) 贰佰万元整			千 百 十 万 千 百 十 元 角 分 ¥ 2 0 0 0 0 0 0 0 0
备注：			票据种类：贷款存入 票据张数：1 财务主管：　复核：　经办： 会计：　记账：

工行花溪大道分理处
2022.12.10
转讫

此联是收款人开户行交收款人的回单

11-1

中国工商银行
转账支票存根（黔）
ZVI 00301885

附加信息

出票日期：　年　月　日

收款人：	
金　额：	
用　途：	

单位主管：　会计：

中国工商银行　转账支票（黔）　ZVI 00301885

出票日期(大写)　年　月　日　付款行名称：
收款人：　出票人账号：

人民币（大写）	百	十	万	千	百	十	元	角	分

用途＿＿＿＿＿
上列款项请从
我账户内支付

出票人签章　刘新阳印　万丰市宏伟有限公司 财务专用章

科　目：＿＿＿＿
对方科目：＿＿＿＿
转账日期　年　月　日
复核：　记账：

11-2

贵州省行政事业性收费收据

2022年12月11日　No.30181455

交费单位	万丰市宏伟有限公司	收费许可证号	（黔）财发301834							
收费项目	收费标准	金额								
		百	十	万	千	百	十	元	角	分
培训费	120人×100元/人			1	2	0	0	0	0	0
合计			¥	1	2	0	0	0	0	0
人民币（大写）壹万贰仟元整		交款方式	转账							

第二联　发票联

负责人：　票人：王　讯　收费单位:(签章)　贵州财经大学 财务专用章

12-1

中国工商银行(黔)
转账支票存根
ZVI 00301886

附加信息

出票日期：　　年　月　日

收款人：	
金　额：	
用　途：	

单位主管：　　会计：

中国工商银行　转账支票（黔） ZVI 00301886

出票日期(大写)　　年　月　日　　付款行名称：
收款人：　　出票人账号：

人民币（大写）	百	十	万	千	百	十	元	角	分

用途________
上列款项请从
我账户内支付
出票人签章

万丰市宏伟有限公司 财务专用章
刘新阳印

科　目：________
对方科目：________
转账日期　　年　月　日
复核：　　记账：

12-2

贵州增值税普通发票

开票日期：2022年12月12日　　No.02063765

购买方	名　称：万丰市宏伟有限公司 纳税人登记号：520102722131158008 地址、电话：万丰市花溪大道68号（电话略） 开户行及账号：工商银行花溪大道分理处12000056783	密码区	（略）

商品或劳务名称	计量单位	数量	单价	金额 千	百	十	万	千	百	十	元	角	分	税率%	税额 千	百	十	万	千	百	十	元	角	分
保洁	月	1	3 000.00					3	0	0	0	0	0	3							9	0	0	0
合　计							¥	3	0	0	0	0	0							¥	9	0	0	0

价税合计（大写）	叁仟零玖拾元整	¥3 090.00

销售方	名　称：绿地保洁有限公司 纳税人登记号：520102722131195005 地址、电话：万丰市桥东路23号（电话略） 开户行及账号：万丰市工行桥东办65-2233-126	备注	绿地保洁有限公司 520102722131195005 发票专用章

第二联：发票联　购买方记账凭证

收款人：刘敏　　复核：张华　　开票人：王桥　　销货单位：(章)

13－1

中国工商银行托收承付凭证(付款通知)　2

第　　号

委托日期:2022年12月13日　　No.6951

付款人	全称	万丰市宏伟有限公司	收款人	全称	上海机床厂
	账号	12000056783		账号	30075432515
	开户银行	工商银行花溪大道分理处		开户银行	上海市工行淮海路分理处
托收金额	人民币（大写）	伍万捌仟叁佰伍拾元整		百十万千百十元角分	¥5835000
附件		商品发运情况		合同名称	
附寄单证张数	3	铁路运输		购销合同07-257	
备注：		款项支付日期：		付款行签章：工行花溪大道分理处 2022.12.13 转讫	
单位主管：　会计：　复核：　记账：李明		2022年12月13日			

此联为付款人开户行交给付款人的付款通知

13－2

上海增值税专用发票

发票联

开票日期:2022年12月02日　　No.04087659

购买方	名称：万丰市宏伟有限公司 纳税人识别号：520102722131158008 地址、电话：万丰市花溪大道68号（电话略） 开户行及账号：工商银行花溪大道分理处12000056783				密码区	（略）	
货物或应税劳务、服务名称	单位	数量	单价	金额	税率	税额	
L300机床	台	1	50 000.00	50 000.00	13%	6 500.00	
合计				¥50 000.00		¥6 500.00	
价税合计（大写）	伍万陆仟伍佰元整					（小写）¥56 500.00	
销售方	名称：上海机床厂 纳税人识别号：602517821556532002 地址、电话：上海市淮海东路123号（电话略） 开户行及账号：上海市工行淮海路分理处30075432515				备注	上海机床厂 602517821556532002 发票专用章	

收款人：　复核：文　新　开票人：王东明　销售方：(章)

第三联：发票联　购买方记账凭证

13-3

货物运输业增值税专用发票

开票日期：2022年12月02日 　　　　　　　　　　No. 12073558

承运人及 纳税人识别号	上海市铁路局 607887678256674101	密码区	（略）
实际受票方及 纳税人识别号	万丰市宏伟有限公司 520102722131158008		
收货人及 纳税人识别号	万丰市宏伟有限公司 520102722131158008	发货人及 纳税人识别号	上海机床厂 602517821556532002
起运地、经由地、到达地	上海市、万丰市		
费用项目及金额	费用项目 金额 运费 1 697.25	运输货物信息	L300机床

合计金额	¥1 697.25	税率	9%	税额	¥152.75	机器编号	608800633258
价税合计（大写）	壹仟捌佰伍拾元整			（小写）¥1 850.00			
车种车号	沪铁H6432	车船吨位	1 000	备注	完税凭证号码：3654879		
主管税务机关及代码	上海市税务局 6076443						

收款人：张小泉 　　复核人：张文 　　开票人：刘晓平 　　承运人：（章）

第三联：发票联 受票方记账凭证

13-4

万丰市宏伟有限公司设备领用单

领用单位：基本生产车间

用途：生产用 　　　　2022年12月13日 　　　　No.1821

设备类别	设备编号	设备名称及规格	计量单位	数量		单价	金 额
				请领	实领		
机器设备	201621	L300机床	台	1	1		51 697.25
合 计							¥51 697.25

记账： 　　领用部门负责人：张晓海 　　领用人：王 星

第二联 记账联

14-1

贵州增值税专用发票

此联不作报销、扣税凭证使用

开票日期：　　年　月　日　　　　No.02063473

购买方	名　　称：南宁农机公司 纳税人识别号：783585079967324004 地址、电话：南宁市顺海大道268号（电话略） 开户行及账号：农业银行顺海大道分理处62023658523				密码区	(略)
货物或应税劳务、服务名称	单位	数量	单价	金　额	税率	税　额
合　计						
价税合计（大写）						（小写）
销售方	名　　称： 纳税人识别号： 地址、电话： 开户行及账号：				备注	

收款人：　　复核：　　开票人：　　销售方：(章)

第一联：记账联　销售方记账凭证

14-2

中国工商银行托收承付凭证(回单)　1　第　号

委托日期：2022年12月13日　　No.3672

付款人	全　称	南宁农机公司	收款人	全　称	万丰市宏伟有限公司
	账　号	62023658523		账　号	12000056783
	开户银行	农业银行顺海大道分理处		开户银行	工商银行花溪大道分理处
托收金额	人民币（大写）				百 十 万 千 百 十 元 角 分 ¥
附　件		商品发运情况		合同名称	
附寄单证张数	3	铁路运输		购销合同15-259	
备注： 单位主管：　会计：　复核：　记账：李明			款项收妥日期： 2022年12月13日	收款行签章： 花溪大道分理处 2022.12.13 转讫	

此联为出票人开户行交给出票人的回单

14-3

货物运输业增值税专用发票

开票日期：2022年12月13日　　　　No. 52073559

承运人及 纳税人识别号	万丰市铁路局 520768423145647007	密码区	（略）
实际受票方及 纳税人识别号	南宁农机公司 310102742131256006		
收货人及 纳税人识别号	南宁农机公司 310102742131256006	发货人及 纳税人识别号	万丰市宏伟有限公司 520102722131158008
起运地、经由地、到达地	万丰市、南宁市		
费用项目及金额	费用项目　金额 运费　2 935.78	运输货物信息	甲产品

合计金额	￥2 935.78	税率	9%	税额	￥264.22	机器编号	608800633258
价税合计（大写）	叁仟贰佰元整				（小写）￥3 200.00		
车种车号	成铁H7512	车船吨位	1 000	备注	完税凭证号码：6655779		
主管税务机关及代码	万丰市税务局 5056465						

收款人：李采　　复核人：张一文　　开票人：刘晓燕　　承运人：（章）

第三联：发票联　受票方记账凭证

14-4

中国工商银行（黔） 转账支票存根 ZVI 00301887
附加信息
出票日期：　年　月　日
收款人：
金　额：
用　途：
单位主管：　会计：

中国工商银行　转账支票（黔）　ZVI 00301887

出票日期(大写)　　年　　月　　日　　付款行名称：

收款人：　　出票人账号：

人民币（大写）	百	十	万	千	百	十	元	角	分

用途＿＿＿＿＿　　科　目：＿＿＿＿＿

上列款项请从　　对方科目：＿＿＿＿＿

我账户内支付　　转账日期　　年　月　日

出票人签章　刘新阳印　万丰市宏伟有限公司 财务专用章　　复核：　　记账：

15-1

贵州增值税普通发票

全国统一发票监制章 国家税务总局 贵州省税务局

开票日期：2022年12月14日　　　　No.02063765

购买方	名　　称：万丰市宏伟有限公司 纳税人登记号：520102722131158008 地址、电话：万丰市花溪大道68号（电话略） 开户行及账号：工商银行花溪大道分理处12000056783	密码区	（略）

商品或劳务名称	计量单位	数量	单价	金额 千	百	十	万	千	百	十	元	角	分	税率%	税额 千	百	十	万	千	百	十	元	角	分
非专利技术	项	1	29 126.21				2	9	1	2	6	2	1	3						8	7	3	7	9
合　计						¥	2	9	1	2	6	2	1						¥	8	7	3	7	9
价税合计（大写）	叁万元整																		¥30 000.00					

销售方	名　　称：贵州大学 纳税人登记号：520105726131612002 地址、电话：万丰市花溪大道23号（电话略） 开户行及账号：万丰市建行花溪支行72-2533-789	备注	贵州大学 520105726131612002 发票专用章

第二联　购货方作付款的记账凭证

收款人：李朝阳　　复核：张小勇　　开票人：刘雯　　销货单位：（章）

15-2

中国工商银行（黔）
转账支票存根
ZVI 00301888

附加信息

出票日期：　年　月　日

收款人：	
金　额：	
用　途：	

单位主管：　　会计：

中国工商银行　转账支票（黔）　ZVI 00301888

出票日期(大写)　　年　　月　　日　　付款行名称：

收款人：　　出票人账号：

人民币（大写）	百	十	万	千	百	十	元	角	分

用途____________

上列款项请从

我账户内支付

出票人签章　刘新阳印

万丰市宏伟有限公司 财务专用章

科　　目：__________

对方科目：__________

转账日期　　年　月　日

复核：　　记账：

16-1

湖北增值税专用发票

发票联

开票日期:2022年12月10日　　　　No.02063566

购买方	名　　称：万丰市宏伟有限公司 纳税人识别号：520102722131158008 地址、电话：万丰市花溪大道68号（电话略） 开户行及账号：工商银行花溪大道分理处12000056783					密码区	（略）
货物或应税劳务、服务名称	单位	数量	单价	金额		税率	税额
A材料	吨	25	3 200.00	80 000.00		13%	10 400.00
合　计				¥80 000.00			¥10 400.00
价税合计（大写）	玖万零肆佰元整						（小写）¥90 400.00
销售方	名　　称：武汉钢厂 纳税人识别号：402514321556322002 地址、电话：武汉市武昌南路23号（电话略） 开户行及账号：建设银行武昌办32733879076					备注	武汉钢厂 402514321556322002 发票专用章

收款人：李莉　　复核：张东　　开票人：王民生　　销货方：(章)

第三联：发票联　购买方记账凭证

16-2

中国工商银行进账单(回单)　1

2022年12月15日　　　　第12643号

收款人	万丰市宏伟有限公司	付款人	武汉钢厂
账号	12000056783	账号	32733879076
开户银行	工商银行花溪大道分理处	开户银行	建设银行武昌办

人民币(大写)	千	百	十	万	千	百	十	元	角	分
陆仟陆佰元整				¥	6	6	0	0	0	0

备注：

工行花溪大道分理处
2022.12.15
转讫

票据种类：汇票余款转回

票据张数：1

财务主管：　复核：　经办：

会计：　记账：

此联是收款人开户行交收款人的回单

16-3

货物运输业增值税专用发票

开票日期：2022年11月28日　　　　No.12073558

承运人及纳税人识别号	武汉市铁路局 807987676256875202	密码区	（略）
实际受票方及纳税人识别号	万丰市宏伟有限公司 520102722131158008		
收货人及纳税人识别号	万丰市宏伟有限公司 520102722131158008	发货人及纳税人识别号	武汉钢厂 802518821986545005
起运地、经由地、到达地	武汉市、万丰市		
费用项目及金额	费用项目　金额 运费　2 752.79	运输货物信息	A材料
合计金额	¥2 752.29	税率 9%　税额 ¥247.71	机器编号 608800633258
价税合计（大写）	叁仟元整		（小写）¥3 000.00
车种车号	汉铁H50241	车船吨位 1 000	备注：完税凭证号码：7632178
主管税务机关及代码	武汉市税务局 8076332		

收款人：李小泉　　复核人：王文　　开票人：钱晓平　　承运人：（章）

第三联：发票联　受票方记账凭证

16-4

万丰市宏伟有限公司材料入库通知单

2022年12月15日　　　　No. 483

材料名称	材质	规格	单位	数量		单价	金额	运杂费	金额合计	发货单位
				应收	实收					
A材料			吨	25	25	3 200.00	80 000.00		80 000.00	武汉钢厂
合　计									¥80 000.00	

财务主管：　　供应科长：李林　　仓库验收：李平　　采购员：张宇

第二联　记账联

16-5

万丰市宏伟有限公司材料运杂费分配单

2022年12月03日　　　　No.485

材料名称	单位	数量		分配率	运杂费分配金额
		应收	实收		
A材料	吨	25	25		
合　计			25		

审核：　　　　制单：

17-1

中国工商银行（黔） 转账支票存根 ZVI 00301889 附加信息 出票日期：　年　月　日 收款人： 金　额： 用　途： 单位主管：　会计：	**中国工商银行　转账支票**（黔）ZVI 00301889 出票日期(大写)　年　月　日 收款人： 人民币（大写） 用途 上列款项请从 我账户内支付 出票人签章　刘新阳印　万丰市宏伟有限公司 财务专用章	付款行名称： 出票人账号： 百 十 万 千 百 十 元 角 分 科　目： 对方科目： 转账日期　年　月　日 复核：　记账：

17-2

贵州增值税专用发票

发票联

开票日期：2022年12月15日　　No. 02063562

购买方	名称：万丰市宏伟有限公司 纳税人登记号：520102722131158008 地址、电话：万丰市花溪大道68号（电话略） 开户行及账号：工商银行花溪大道分理处12000056783				密码区	（略）
货物或应税劳务、服务名称	单位	数量	单价	金额	税率	税额
复印纸（A4）	箱	20	220.00	4 400.00	13%	572.00
碳粉（HP1000）	筒	5	450.00	2 250.00	13%	292.50
合　计				¥6 650.00		¥864.50
价税合计（大写）	柒仟伍佰壹拾肆元伍角整					（小写）¥7 514.50
销售方	名称：贵阳星力电子有限责任公司 纳税人登记号：402514321556322002 地址、电话：万丰市文昌南路23号（电话略） 开户行及账号：建设银行文昌办32733879076				备注	贵阳星力电子有限责任公司 402514321556322002 发票专用章

第三联：发票联　购买方记账凭证

收款人：李小明　复核人：王玉兰　开票人：张青　销售方：（章）

17-3

万丰市宏伟有限公司办公用品领用单

领用时间:*2022*年*12*月*15*日

领用部门	物品名称	单位	数量	单价	金额	领用人
生产车间	复印纸	箱	2			张金
生产车间	碳粉	筒	1			张金
董事会办公室	复印纸	箱	13			李玉
董事会办公室	碳粉	筒	1			李玉
财务部	复印纸	箱	5			王星
财务部	碳粉	筒	3			王星
合计						

采购部负责人：　　　　　　　　经办人：

18-1

万丰市宏伟有限公司

差旅费报销单

部门：　　　　年　　月　　日

出发地			到达地			公出补助			车船飞机费	卧铺	住宿费	市内车费	邮电费	其他	合计金额
月	日	地点	月	日	地点	天数	标准	金额							
合计															
合计人民币(大写)											¥				
借款金额			退补金额						退补方式			领导意见			

附件　张

单位领导：　　　财务主管：　　　公出人姓名：　　　审销人：

18－2

万丰市宏伟有限公司内部收据

年　月　日　　　　No.30181543

今　收　到

交来________________款

人民币（大写）________________

¥

备注：

主管：　　会计：　　出纳：　　经手人：

第一联　记账联

19－1

贵州增值税专用发票

发票联（全国统一发票监制章　国家税务总局　贵州省税务局）

开票日期：2022年12月18日　　　　No. 02063590

购买方	名　称：万丰市宏伟有限公司 纳税人登记号：520102722131158008 地 址 、电 话：万丰市花溪大道68号（电话略） 开户行及账号：工商银行花溪大道分理处12000056783				密码区	（略）
货物或应税劳务、服务名称	单位	数量	单价	金　额	税率	税　额
设备维修费	台	3	200.00	600.00	13%	78.00
合　计				600.00		78.00
价税合计（大写）	陆佰柒拾捌元整					（小写）¥678.00
销售方	名　称：贵阳星力电子有限责任公司 纳税人登记号：402514321556322002 地 址 、电 话：万丰市文昌南路23号（电话略） 开户行及账号：建设银行文昌办32733879076				备注	（贵阳星力电子有限责任公司 402514321556322002 发票专用章）

收款人：李小明　　复核人：王玉兰　　开票人：张青　　销售方：（章）

第三联：发票联　购买方记账凭证

20－1

中国工商银行（黔）转账支票存根 ZVI 00301890	中国工商银行　转账支票（黔）　ZVI 00301890
附加信息	出票日期(大写)　　年　月　日　　付款行名称：
	收款人：　　出票人账号：
	人民币（大写）　　百 十 万 千 百 十 元 角 分
出票日期：　年　月　日	用途　　　　科　目：
收款人：	上列款项请从　　对方科目：
金　额：	我账户内支付　　转账日期　年　月　日
用　途：	出票人签章（万丰市宏伟有限公司财务专用章）（刘新阳印）　　复核：　记账：
单位主管：　会计：	

20－2

贵州增值税普通发票

开票日期：2022年12月19日　　No.02067853

购买方	名　　称：万丰市宏伟有限公司 纳税人登记号：520102722131158008 地址、电话：万丰市花溪大道68号（电话略） 开户行及账号：工商银行花溪大道分理处12000056783				密码区	（略）
商品或劳务名称	计量单位	数量	单价	金额	税率%	税额
广告费	天	20	500.00	1000000	6	60000
合　计				¥1000000		60000
价税合计（大写）	壹万零陆佰元整			¥10 600.00		
销售方	名　　称：贵州省广播电视信息网络股份有限公司 纳税人登记号：520104725131367007 地址、电话：万丰市市南路65号（电话略） 开户行及账号：建设银行市南路支行72733979070				备注	（贵州省广播电视信息网络股份有限公司 520104725131367007 发票专用章）

收款人：李春　　复核：张玉兰　　开票人：刘清青　　销货单位：(章)

第二联：发票联　购买方记账凭证

21-1

中国工商银行（黔）
转账支票存根
ZVI 00201891

附加信息

出票日期： 年 月 日

收款人：	
金 额：	
用 途：	

单位主管： 会计：

中国工商银行 转账支票（黔）ZVI 00301891

出票日期(大写) 年 月 日 付款行名称：

收款人： 出票人账号：

人民币（大写）	百	十	万	千	百	十	元	角	分

用途______

上列款项请从

我账户内支付

出票人签章

万丰市宏伟有限公司 财务专用章

刘新印

科 目：______

对方科目：______

转账日期 年 月 日

复核： 记账：

21-2

贵州省行政事业性收费收据

2022年12月20日 No.30185240

交费单位	万丰市宏伟有限公司	收费许可证号	（黔）财发201872								
收费项目	收费标准	金额									
		百	十	万	千	百	十	元	角	分	
捐赠				2	0	0	0	0	0	0	
合计			￥	2	0	0	0	0	0	0	
人民币（大写）贰万元整						交款方式 转账					

负责人： 开票人：刘易 收费单位：(签章)

万丰市儿童福利院 财务专用章

第二联 发票联

22-1

贵州增值税专用发票

此联不作报销、扣税凭证使用

开票日期：　　　年　月　日　　　　№.02063474

购买方	名　　称：万丰市农机公司 纳税人识别号：520358507376745005 地址、电话：万丰市黄河大道123号（电话略） 开户行及账号：农业银行黄河大道分理处62023658523					密码区	（略）
货物或应税劳务、服务名称		单位	数量	单价	金额	税率	税额
合计							
价税合计（大写）		（小写）					
销售方	名　　称： 纳税人识别号： 地址、电话： 开户行及账号：					备注	

收款人：　　　复核：　　　开票人：　　　销售方：(章)

第一联：记账联　销售方记账凭证

22-2

中国工商银行进账单（回单）　1

2022年12月20日　　　　第12654号

收款人	万丰市宏伟有限公司	付款人	万丰市农机公司
账号	12000056783	账号	62023658523
开户银行	工商银行花溪大道分理处	开户银行	农业银行黄河大道分理处
人民币(大写)	伍拾肆万贰仟肆佰元整	千百十万千百十元角分	¥54240000
备注：		票据种类：转账支票	
		票据张数：1	
		财务主管：　复核：　经办： 会计：　记账：	

工行花溪大道分理处
2022.12.20
转讫

此联是收款人开户行交收款人的回单

23－1

万丰市宏伟有限公司工资结算单

2022年12月　　　　单位:元

人员	应付工资				代扣款			实发工资额
	基本工资	津贴	奖金	合计	住房公积金	个人所得税	合计	
李军等生产工人	53 000	12 000	19 000	84 000	4 200	4 800	9 000	75 000
王文等车间管理人员	16 000	4 000	11 000	31 000	1 550	6 450	8 000	23 000
李玉等公司管理人员	42 000	6 000	13 000	61 000	3 050	15 950	19 000	42 000
王新等销售部门人员	14 000	5 000	8 000	27 000	1 350	7 650	9 000	18 000
合计	125 000	27 000	51 000	203 000	10 150	34 850	45 000	158 000

财务负责人:　　　　审核:　　　　制单:

23－2

中国工商银行（黔）
转账支票存根
ZVI 00301892

附加信息

出票日期:　　年　月　日

收款人:

金　额:

用　途:

单位主管:　　会计:

中国工商银行　转账支票（黔）ZVI 00301892

出票日期(大写)　　年　　月　　日　　付款行名称:

收款人:职工工资户　　出票人账号:

人民币（大写）

百	十	万	千	百	十	元	角	分

用途

上列款项请从

我账户内支付

出票人签章

刘新阳印

万丰市宏伟有限公司 财务专用章

科　目:

对方科目:

转账日期

年　月　日

复核:　　记账:

24-1

中国工商银行（黔）
转账支票存根
ZVI 00301893

附加信息

出票日期：　年　月　日

收款人：	
金　额：	
用　途：	

单位主管：　会计：

中国工商银行　转账支票（黔）ZVI 00301893

出票日期（大写）　年　月　日　付款行名称：

收款人：万丰市公积金管理中心　出票人账号：

人民币（大写）

百	十	万	千	百	十	元	角	分

用途

上列款项请从

我账户内支付

出票人签章

刘新阳印

万丰市宏伟有限公司 财务专用章

科　目：

对方科目：

转账日期　年　月　日

复核：　记账：

24-2

中国工商银行（黔）
转账支票存根
ZVI 00301894

附加信息

出票日期：　年　月　日

收款人：	
金　额：	
用　途：	

单位主管：　会计：

中国工商银行　转账支票（黔）ZVI 00301894

出票日期（大写）　年　月　日　付款行名称：

收款人：万丰市社保局　出票人账号：

人民币（大写）

百	十	万	千	百	十	元	角	分

用途

上列款项请从

我账户内支付

出票人签章

刘新阳印

万丰市宏伟有限公司 财务专用章

科　目：

对方科目：

转账日期　年　月　日

复核：　记账：

24－3

中国工商银行（黔）转账支票存根

ZVI 00301895

附加信息

出票日期：　　年　　月　　日

收款人：	
金　额：	
用　途：	

单位主管：　　　会计：

中国工商银行　转账支票（黔）ZVI 00301895

出票日期（大写）　　年　　月　　日　　　付款行名称：

收款人：万丰市宏伟有限公司工会　　　出票人账号：

人民币（大写）	百	十	万	千	百	十	元	角	分

用途＿＿＿＿＿

上列款项请从

我账户内支付

出票人签章

刘新阳印

万丰市宏伟有限公司 财务专用章

科　　目：＿＿＿＿＿

对方科目：＿＿＿＿＿

转账日期　　年　月　日

复核：　　　记账：

24－4

中华人民共和国

税收通用缴款书

(2022)建国缴 24560067 号

填发日期：2022年12月21日　　　征收机关：万丰市税务局

缴款单位(人)			预算科目		
	代　码	520102722131158008		编　码	604421
	全　称	万丰市宏伟有限公司		名　称	个人所得税
	开户银行	工商银行花溪大道分理处		级　次	
	账　号	12000056783	收缴国库		万丰市国库

税款所属时期：2022年12月01日至2022年12月31日　　税款限缴日期：2022年12月21日

品目名称	课税数量	计税金额	税率或单位税额	已缴或扣除税额	实缴税额
					34 850.00
金额合计（大写）叁万肆仟捌佰伍拾元整					¥34 850.00

税务机关（签章）	缴款单位（签章）	上列款项已收妥并划转收款单位账户。国库(银行)签章：

万丰市税务局 征税专用章

工行花溪大道分理处 2022.12.21 转讫

第一联　缴款单位完税凭证

24-5

贵州省行政事业性收费收据

2022年12月21日　　No.30185242

交费单位	万丰市宏伟有限公司	收费许可证号	（黔）财发301868							
收费项目	收费标准	金额								
		百	十	万	千	百	十	元	角	分
住房公积金				2	0	3	0	0	0	0
合计			¥	2	0	3	0	0	0	0
人民币（大写）贰万零叁佰元整						交款方式		转账		

负责人：　　开票人：刘易　　收费单位：（签章）

第二联　发票联

24-6

贵州省行政事业性收费收据

2022年12月21日　　No.30185243

交费单位	万丰市宏伟有限公司	收费许可证号	（黔）财发301872							
收费项目	收费标准	金额								
		百	十	万	千	百	十	元	角	分
职工五项保险金					8	1	2	0	0	0
合计				¥	8	1	2	0	0	0
人民币（大写）捌仟壹佰贰拾元整							交款方式		转账	

负责人：　　开票人：刘易　　收费单位：（签章）

第二联　发票联

24-7

万丰市宏伟有限公司内部收据

2022年12月21日　　No.30183453

今　收　到

万丰市宏伟有限公司　交来　12月份工会经费　款

人民币（大写）　肆仟零陆拾元整

¥ 4 060.00

备注：

主管：　　会计：　　出纳：　　经手人：刘明

第一联　记账联

24－8

万丰市宏伟有限公司职工薪酬附加费计算单

2022年12月　　　　单位：元

人　员	应付工资总额	工会经费（按应付工资总额的2%提取）	职工五项保险金（按应付工资总额的4%提取）	住房公积金
李军等生产工人	84 000	1 680	3 360	4 200
王文等车间管理人员	31 000	620	1 240	1 550
李玉等公司管理人员	61 000	1 220	2 440	3 050
王新等销售部门人员	27 000	540	1 080	1 350
合　计	203 000	4 060	8 120	10 150

财务负责人：　　　审核：　　　制单：

25－1

中国工商银行委托收款凭证（付款通知）　3　　第　号

委托日期：2022年12月18日　　　　No.67801

付款人	全　称	万丰市宏伟有限公司	收款人	全　称	万丰市市南供电局
	账　号	12000056783		账　号	12000078543
	开户银行	工商银行花溪大道分理处		开户银行	工商银行万丰市支行
托收金额	人民币（大写）	伍万柒仟陆佰叁拾元整	千百十万千百十元角分	¥ 5 7 6 3 0 0 0	
附　件		付款内容		合同名称	
附寄单证张数	1	12月电费			
备注：			款项支付日期 2022年12月22日	付款行签章：（花溪大）道分理处 2022.12.22 转讫	

单位主管：　会计：　复核：　记账：李明

此联为付款人开户行交付款人按期付款的通知

25-2

贵州增值税专用发票

发票联

开票日期:2022年12月18日　　　　No.02063483

购买方	名　　称:万丰市宏伟有限公司 纳税人识别号:520102722131158008 地址、电话:万丰市花溪大道68号（电话略） 开户行及账号:工商银行花溪大道分理处12000056783					密码区	（略）
货物或应税劳务、服务名称	单位	数量	单价	金　额		税率	税　额
工业用电	度	127 500	0.40	51 000.00		13%	6 630.00
合　计				¥51 000.00			¥6 630.00
价税合计（大写）	伍万柒仟陆佰叁拾元整						（小写）¥57 630.00
销售方	名　　称:万丰市市南供电局 纳税人识别号:520102722467875005 地址、电话:万丰市市南路58号（电话略） 开户行及账号:工商银行万丰市支行12000078543					备注	万丰市市南供电局 520102722467875005 发票专用章

收款人:李　英　　复核:王　学　　开票人:刘　会　　销售方:(章)

第三联：发票联　购买方记账凭证

26-1

中国工商银行委托收款凭证(收款通知)　4

委托日期:2022年12月22日　　　　委托单位:No.67832

付款人	全　称	义力市兴农公司	收款人	全　称	万丰市宏伟有限公司
	账　号	13000068643		账　号	12000056783
	开户银行	工商银行海尔大道分理处		开户银行	工商银行花溪大道分理处
托收金额	人民币（大写）壹拾捌万叁仟零陆拾元整			千百十万千百十元角分	¥18306000
附　件		收款内容		合同名称	
附寄单证张数	1	商业承兑汇票到期			
备注：		款项收妥日期 2022年12月22日		收款行签章: 工行花溪大道分理处 2022.12.22 转讫	

单位主管：　会计：　复核：　记账：李明

此联为收款人开户行交收款人按期收款的通知

27－1

贵州增值税专用发票

发票联

全国统一发票监制章 国家税务总局 贵州省税务局

开票日期：2022年12月25日　　　　No. 02072635

购买方	名　　称：万丰市宏伟有限公司 纳税人识别号：520102722131158008 地址、电话：万丰市花溪大道68号（电话略） 开户行及账号：工商银行花溪大道分理处12000056783				密码区	（略）	
货物或应税劳务、服务名称	单位	数量	单　价	金　额	税率	税　额	
A材料	吨	100	2 000.00	200 000.00	13%	26 000.00	
B材料	吨	100	4 000.00	400 000.00	13%	52 000.00	
合　计				¥600 000.00		¥78 000.00	
价税合计（大写）	陆拾柒万捌仟元整				（小写）¥678 000.00		
销售方	名　　称：万丰市特殊钢有限责任公司 纳税人识别号：520101432162322002 地址、电话：万丰市油榨街23号（电话略） 开户行及账号：工行油榨街分理处12000065438				备注	万丰市特殊钢有限责任公司 520101432162322002 发票专用章	

第三联：发票联　购买方记账凭证

收款人：李　文　　复核：张　西　　开票人：张　青　　销售方：（章）

27－2

中国工商银行（黔）
转账支票存根
ZVI 00301896

附加信息

出票日期：　年　月　日

收款人：	
金　额：	
用　途：	

单位主管：　　会计：

中国工商银行　转账支票（黔）ZVI 00301896

出票日期(大写)　　年　　月　　日　　付款行名称：

收款人：　　出票人账号：

人民币（大写）	百	十	万	千	百	十	元	角	分

用途________

上列款项请从

我账户内支付

出票人签章　刘新印

万丰市宏伟有限公司 财务专用章

科　　目：________

对方科目：________

转账日期　　年　月　日

复核：　　记账：

27－3

万丰市宏伟有限公司材料入库通知单

2022年12月25日　　No. 484

材料名称	材质	规格	单位	数量		单价	金额	运杂费	金额合计	发货单位
				应收	实收					
A材料			吨	100	100	2 000.00	200 000.00		200 000.00	万钢
合　计									￥200 000.00	

第二联　记账联

财务主管：　　供应科长：李林　　仓库验收：李平　　采购员：张宇

27－4

万丰市宏伟有限公司材料入库通知单

2022年12月25日　　No. 485

材料名称	材质	规格	单位	数量		单价	金额	运杂费	金额合计	发货单位
				应收	实收					
B材料			吨	100	100	4 000.00	400 000.00		400 000.00	万钢
合　计									￥400 000.00	

第二联　记账联

财务主管：　　供应科长：李林　　仓库验收：李平　　采购员：张宇

28－1

万丰市宏伟有限公司固定资产折旧计算表

2022年12月26日　　单位：元

会计科目	固定资产项目	固定资产原值			月折旧率	本月折旧额
		11月初余额	11月增加值	11月减少值		
制造费用	建筑物	12 420 000.00			0.5%	
	机器设备	3 600 000.00		100 000.00	1.5%	
	小　计	10 620 000.00				
管理费用	建筑物	8 276 200.00			0.5%	
	办公设备	150 000.00	50 000.00		1.5%	
	小　计	8 426 200.00				
合　计						

审核：　　制表：

29－1

贵州增值税普通发票

全国统一发票监制章 国家税务总局 贵州省税务局

开票日期：2022年12月28日　　　　No.02066975

第二联：发票联　购货方记账凭证

购买方	名称：万丰市宏伟有限公司 纳税人登记号：520102722131158008 地址、电话：万丰市花溪大道68号（电话略） 开户行及账号：工商银行花溪大道分理处12000056783	密码区	（略）

商品或劳务名称	计量单位	数量	单价	金额 千	百	十	万	千	百	十	元	角	分	税率%	税额 千	百	十	万	千	百	十	元	角	分
餐饮服务	餐	1	12 135.92				1	2	1	3	5	9	2	3						3	6	4	0	8
合计						¥	1	2	1	3	5	9	2						¥	3	6	4	0	8
价税合计（大写）	壹万贰仟伍佰元整														¥12 500.00									

销售方	名称：万丰市福临门大酒店 纳税人登记号：52010321448671001 地址、电话：万丰市市南路65号（电话略） 开户行及账号：建设银行市南路支行72733979070	备注	万丰市福临门大酒店 52010321448671001 发票专用章

收款人：刘晓文　　复核人：张兰　　开票人：王清青　　销售方：（章）

29－2

中国工商银行（黔）转账支票存根 ZVI 00301897	中国工商银行　转账支票（黔）　ZVI 00301897
附加信息	出票日期（大写）　年　月　日　　付款行名称：
	收款人：　　出票人账号：
	人民币（大写）　　百 十 万 千 百 十 元 角 分
	用途＿＿＿＿　　科　目：＿＿＿＿
	上列款项请从　　对方科目：＿＿＿＿
出票日期：　年　月　日	我账户内支付　　转账户期　年　月　日
收款人：	
金　额：	
用　途：	出票人签章　刘新阳印　万丰市宏伟有限公司 财务专用章　　复核：　记账：
单位主管：　会计：	

30－1

中国工商银行委托收款凭证(付款通知) 3

委托日期:2022年12月26日　　No.67902

付款人	全　称	万丰市宏伟有限公司	收款人	全　称	万丰市自来水公司
	账　号	12000056783		账　号	12000058567
	开户银行	工商银行花溪大道分理处		开户银行	工商银行万丰市支行
托收金额	人民币（大写）	陆仟伍佰肆拾元整		千百十万千百十元角分	￥654000
附　件	付款内容	12月水费		（合同名称）	
附寄单证张数	1				
备注：		款项支付日期 2022年12月29日		付款行签章：	

单位主管：　会计：　复核：　记账：李明

行花溪大道分理处 2022.12.29 转讫

此联为付款人开户行交付款人按期付款的通知

30－2

贵州增值税专用发票

此联不作报销、扣税凭证使用

开票日期:2022年12月26日　　No. 02063485

购买方	名　称：万丰市宏伟有限公司 纳税人识别号：520102722131158008 地址、电话：万丰市花溪大道68号（电话略） 开户行及账号：工商银行花溪大道分理处12000056783					密码区	（略）
货物或应税劳务、服务名称	单位	数量	单价	金额	税率	税额	
工业用水	吨	2 500	2.40	6 000.00	9%	540.00	
合　计				￥6 000.00		￥540.00	
价税合计（大写）	陆仟伍佰肆拾元整					（小写）￥6 540.00	
销售方	名　称：万丰市自来水公司 纳税人识别号：520102622465589009 地址、电话：万丰市延安中路72号（电话略） 开户行及账号：工商银行万丰市支行12000058567					备注	万丰市自来水公司 520102622465589009 发票专用章

收款人：肖斌　复核：李威　开票人：钱文华　销售方：(章)

第一联：记账联　销售方记账凭证

31－1

万丰市宏伟有限公司领料单

领料单位：基本生产车间　　2022年12月05日　　编号：1821　仓库：1#库

材料名称及规格	用途	计量单位	数量	
			请领	实领
A材料	生产甲产品	吨	80	80
A材料	生产乙产品	吨	60	60
A材料	车间一般耗用	吨	5	5
合计			145	145

第二联　记账联

记账：　发料：王立　领料部门负责人：张晓海　领料：王英

31－2

万丰市宏伟有限公司领料单

领料单位：基本生产车间　　2022年12月05日　　编号：1822　仓库：1#库

材料名称及规格	用途	计量单位	数量	
			请领	实领
B材料	生产甲产品	吨	30	30
B材料	生产乙产品	吨	40	40
B材料	车间一般耗用	吨	2	2
合计			72	72

第二联　记账联

记账：　发料：王立　领料部门负责人：张晓海　领料：王英

31－3

万丰市宏伟有限公司领料单

领料单位：采购部　　2022年12月05日　　编号：1823　仓库：1#库

材料名称及规格	用途	计量单位	数量	
			请领	实领
A材料	样品	吨	0.2	0.2
B材料	样品	吨	0.2	0.2
合计			0.4	0.4

第二联　记账联

记账：　发料：王立　领料部门负责人：张晓海　领料：王英

31－4

万丰市宏伟有限公司领料单

领料单位：基本生产车间　　2022年12月26日　　编号：1824
仓库：1#库

材料名称及规格	用途	计量单位	数量	
			请领	实领
A材料	生产甲产品	吨	40	40
A材料	生产乙产品	吨	30	30
A材料	车间一般耗用	吨	2	2
合计			72	72

第二联　记账联

记账：　　发料：王立　　领料部门负责人：张晓海　　领料：王英

31－5

万丰市宏伟有限公司领料单

领料单位：基本生产车间　　2022年12月26日　　编号：1825
仓库：1#库

材料名称及规格	用途	计量单位	数量	
			请领	实领
B材料	生产甲产品	吨	20	20
B材料	生产乙产品	吨	18	18
B材料	车间一般耗用	吨	1	1
合计			39	39

第二联　记账联

记账：　　发料：王立　　领料部门负责人：张晓海　　领料：王英

31－6

万丰市宏伟有限公司材料费用汇总表

2022年12月30日　　附件：　张

借方科目	明细科目	材料种类	单位	数量	金额	A材料		B材料	
						数量	金额	数量	金额
生产成本	甲产品	A材料	吨						
		B材料	吨						
		小计	—	—					
	乙产品	A材料	吨						
		B材料	吨						
		小计	—	—					
制造费用	材料费用	A材料	吨						
		B材料	吨						
		小计	—	—					
管理费用	材料费用	A材料	吨						
		B材料	吨						
		小计	—	—					
合计			—	—					

32-1

万丰市宏伟有限公司水电费耗用情况统计表

2022年12月31日

耗用部门	电费			水费			水电费合计
	单位	数量	金额	单位	数量	金额	
生产车间生产用	度	100 000		吨	1 200		
生产车间一般用	度	12 000		吨	300		
采购部	度	2 200		吨	300		
经营部	度	2 300		吨	200		
财务部	度	1 500		吨	80		
人事部	度	1 700		吨	20		
董事会办公室	度	2 200		吨	80		
纪、检、审办公室	度	800		吨	20		
仓储部	度	3 700		吨	160		
销售部	度	1 100		吨	140		
合计	度	127 500	51 000.00	吨	2 500	6 000.00	57 000.00

审核:　　　　　　　　制表:

32-2

万丰市宏伟有限公司水电费分配表

2022年12月31日

借方科目	明细科目	实耗生产工时（分配标准）	分配率	水电费分配金额
生产成本	甲产品			
	乙产品			
	小计			
制造费用	水电费			
管理费用	水电费			
销售费用	水电费			
合计				

审核:　　　　　　　　制表:

33－1

万丰市宏伟有限公司职工薪酬费用汇总表

2022年12月31日

单位：元

人　　员	应付工资总额	工会经费	职工五项保险金	住房公积金	合　计
李军等生产工人	***84 000***	***1 680***	***3 360***	***4 200***	
王文等车间管理人员	***31 000***	***620***	***1 240***	***1 550***	
李玉等公司管理人员	***61 000***	***1 220***	***2 440***	***3 050***	
王新等销售部门人员	***27 000***	***540***	***1 080***	***1 350***	
合　　计	***203 000***	***4 060***	***8 120***	***10 150***	

审核：　　　　　　　　制表：

33－2

万丰市宏伟有限公司职工薪酬费用分配表

2022年12月31日

借方科目	明细科目	实耗生产工时（分配标准）	分配率	职工薪酬费用分配金额
生产成本	甲产品			
	乙产品			
	小　计			
制造费用	职工薪酬费用			
管理费用	职工薪酬费用			
销售费用	职工薪酬费用			
合　　计				

审核：　　　　　　　　制表：

34－1

万丰市宏伟有限公司制造费用分配表

2022年12月31日

借方科目	明细科目	实耗生产工时（分配标准）	分配率	制造费用分配金额
生产成本	甲产品			
	乙产品			
合　　计				

审核：　　　　　　　　制表：

35-1

万丰市宏伟有限公司生产成本计算单

品种：**甲产品**　　　　完工产品：**3 000**件，月末在产品：**200**件，完工程度：**50%**

成本项目	直接材料费	直接水电费	直接人工费	制造费用	合　计
期初在产品成本	152 000	6 200	13 000	8 500	179 700
本月费用					
费用合计					
费用分配率					
完工产品成本					
月末在产品成本					

审核：　　　　制表：

35-2

万丰市宏伟有限公司生产成本计算单

品种：**乙产品**　　　　完工产品：**2 000**件，月末在产品：**1 000**件，完工程度：**50%**

成本项目	直接材料费	直接水电费	直接人工费	制造费用	合　计
期初在产品成本	82 000	3 200	8 200	4 500	97 900
本月费用					
费用合计					
费用分配率					
完工产品成本					
月末在产品成本					

审核：　　　　制表：

35-3

万丰市宏伟有限公司入库完工产品成本汇总表

2022年**12**月**31**日　　　　附件：**4**张

名　称	材　质	规　格	计量单位	数　量		实际总成本	单位成本
				送　验	实　收		
甲产品							
乙产品							
合　计							

仓库主管：李玉峰　　　　记账：　　　　验收：李　平

35-4

万丰市宏伟有限公司产成品入库通知单

仓库名称：产成品仓库　　2022年12月10日　　No. 30180101

名　称	材　质	规　格	计量单位	数量		送验单位
				送验	实收	
甲产品			件	1 000	1 000	基本生产车间
乙产品			件	800	800	
合　计			件	1 800	1 800	

第二联　记账联

仓库主管：李玉峰　　记账：　　验收：李　平　　送验人：马小辉

35-5

万丰市宏伟有限公司产成品入库通知单

仓库名称：产成品仓库　　2022年12月19日　　No. 30180102

名　称	材　质	规　格	计量单位	数量		送验单位
				送验	实收	
甲产品			件	2 000	2 000	基本生产车间
乙产品			件	1 200	1 200	
合　计			件	3 200	3 200	

第二联　记账联

仓库主管：李玉峰　　记账：　　验收：李　平　　送验人：马小辉

36-1

万丰市宏伟有限公司已售产品成本汇总表

2022年12月31日　　附件：4张

名　称	计量单位	已销售数量	单位成本	销售总成本
甲产品				
乙产品				
合　计				

仓库主管：李玉峰　　记账：　　发货人：李　平

36-2

万丰市宏伟有限公司产成品出库单

购货单位：义力市兴农公司　　　　　　　　　　编号：30180201
业务员：程立志　　　2022年12月2日　　　仓库：产成品仓库

品　种	编　号	规　格	计量单位	数　量	
				销售	实发
乙产品			件	450	450
合　计			件	450	450

第二联　记账联

仓库主管：李玉峰　　　记账：　　　发货人：李　平

36-3

万丰市宏伟有限公司产成品出库单

购货单位：安顺农机公司　　　　　　　　　　编号：30180202
业务员：程立志　　　2022年12月6日　　　仓库：产成品仓库

品　种	编　号	规　格	计量单位	数　量	
				销售	实发
甲产品			件	200	200
合　计			件	200	200

第二联　记账联

仓库主管：李玉峰　　　记账：　　　发货人：李　平

36-4

万丰市宏伟有限公司产成品出库单

购货单位：南宁农机公司　　　　　　　　　　编号：30180203
业务员：程立志　　　2022年12月13日　　　仓库：产成品仓库

品　种	编　号	规　格	计量单位	数　量	
				销售	实发
甲产品			件		
合　计			件		

第二联　记账联

仓库主管：李玉峰　　　记账：　　　发货人：李　平

36-5

万丰市宏伟有限公司产成品出库单

购货单位：万丰市农机公司　　　　　　　　　　　　　编号：30180204
业务员：程立志　　　　　2022年12月20日　　　　　　仓库：产成品仓库

品　种	编　号	规　格	计量单位	数 量	
				销售	实发
甲产品			件	600	600
乙产品			件	500	500
合　计			件	1 100	1 100

第二联　记账联

仓库主管：李玉峰　　　　记账：　　　　发货人：李平

37-1

万丰市宏伟有限公司应交增值税计算表

2022年12月31日

项　目	销项税	进项税	应交增值税
销售甲产品			
销售乙产品			
购进A材料			
购进B材料			
其　他			
合　计			

财务负责人:　　　　审核：　　　　制表：

38-1

万丰市宏伟有限公司应交销售税费计算表

2022年12月31日

项　目	计税依据（应交增值税税额）	计税（费）率	应交销售税费额
城市维护建设税			
教育费附加			
合　计			

财务负责人:　　　　审核：　　　　制表：

39－1

万丰市宏伟有限公司借款利息费用计算表

2022年12月31日

借款种类	期初借款			本期借款			利息费用合计
	本　金	利息率	利息额	本　金	利息率	利息额	
短期借款							
长期借款							
合　计							

财务负责人：　　　　审核：　　　　制表：

40－1

万丰市宏伟有限公司无形资产价值摊销计算表

2022年12月31日

项　目	原始价值	取得时间	摊销期限	本月摊销额
土地使用权	10 000 000	2020年1月1日	50年	
专利A	1 200 000	2021年1月10日	10年	
专利B	900 000	2022年1月5日	10年	
非专利技术	30 000	2022年12月14日	10年	
合　计				

财务负责人：　　　　审核：　　　　制表：

41－1

万丰市宏伟有限公司国债利息收益计算表

2022年12月31日

项　目	面　值	期　限	利息率	付息时间	取得时间	本年利息收益
债权投资——国库券	200 000	3年	9%	每年1月1日	2022年1月1日	
合　计						

财务负责人：　　　　审核：　　　　制表：

42-1

万丰市宏伟有限公司坏账准备计提表

2022年12月31日

账　　龄	应收账款金额	坏账准备计提率	坏账准备计提额
未到期		0.5%	
逾期1个月以上	200 000	1%	
逾期半年以上	300 000	3%	
逾期1年以上	100 000	10%	
逾期两年以上	50 000	50%	
合　　计		—	

财务负责人:　　　　审核:　　　　制表:

43-1

万丰市宏伟有限公司

交易性金融资产公允价值变动损益计算表

2022年12月31日

金融资产种类	数量（股）	账面价值		公允价值		公允价值变动损益
		单　价	金　额	单　价	金　额	

财务负责人:　　　　审核:　　　　制表:

44-1

万丰市宏伟有限公司收入科目汇总表

2022年12月31日

序　号	收入性损益科目	金　　额
1	主营业务收入	
2	其他业务收入	
3	投资收益（收入）	
4	公允价值变动损益（收入）	
5	营业外收入	
6	合　计	

财务负责人:　　　　审核:　　　　制表:

44-2

万丰市宏伟有限公司费用科目汇总表

2022年**12**月**31**日

序号	费用性损益科目	金额	序号	费用性损益科目	金额
1	主营业务成本		7	管理费用	
2	其他业务成本		8	销售费用	
3	税金及附加		9	财务费用	
4	投资收益（损失）		10	营业外支出	
5	公允价值变动损益（损失）		11		
6	信用减值损失		12	合　计	

财务负责人:　　　　审核:　　　　制表:

45-1

万丰市宏伟有限公司所得税计算表

2022年**12**月**31**日

序号	项　目	金　额
一	税前会计利润	
1	加：调增项目	***50 000***
2	减：调减项目	***30 000***
3	应纳税所得额	
4	所得税税率	***25%***
二	本年应交所得税	
1	发生的应纳税暂时性差异	***25 000***
2	发生的可抵扣暂时性差异	***10 000***
三	递延所得税费用	
四	所得税费用	

财务负责人:　　　　审核:　　　　制表:

46-1

万丰市宏伟有限公司盈余公积计提计算表

2022年**12**月**31**日

项　目	计　提　依　据			计提率	计提金额
	本年净利润	以前年度未弥补亏损	计提依据金额		
法定盈余公积					
任意盈余公积					
合　计					

财务负责人:　　　　审核:　　　　制表:

47-1

万丰市宏伟有限公司股利分配计算表

2022年12月31日

项　目	分配依据				分配率	分配金额
	本年净利润	年初未分配利润	已分配利润	可供分配利润		
应付股利						
股东	持股比例			现金股利		
万丰市国有控股公司						
李斌						
王维						
合　计						

财务负责人:　　　　审核：　　　　制表：

48-1

万丰市宏伟有限公司利润及其分配情况统计表

2022年12月31日

利润分配情况		利润实行情况	
项　目	金　额	项　目	金　额
提取法定盈余公积		年初未分配利润	
提取任意盈余公积		本年实现净利	
应付股利			
合　计		年末未分配利润	

财务负责人:　　　　审核：　　　　制表：

第三部分 实习用记账凭证

1-1

付款凭证

贷方科目：　　　　　　年　　月　　日　　　　　　____字第____号

摘要	借方科目		金额											记账符号
	总账科目	明细科目	亿	千	百	十	万	千	百	十	元	角	分	
合计														

附原始凭证　　张

会计主管：　　记账：　　审核：　　出纳：　　制单：

2-1

付款凭证

贷方科目：　　　　　　年　　月　　日　　　　　　____字第____号

摘要	借方科目		金额											记账符号
	总账科目	明细科目	亿	千	百	十	万	千	百	十	元	角	分	
合计														

附原始凭证　　张

会计主管：　　记账：　　审核：　　出纳：　　制单：

3－1

付款凭证

贷方科目：　　　　　　　　年　　月　　日　　　　　　＿＿字第＿＿号

摘要	借方科目		金额											记账符号
	总账科目	明细科目	亿	千	百	十	万	千	百	十	元	角	分	
合计														

附原始凭证　　张

会计主管：　　　　记账：　　　　审核：　　　　出纳：　　　　制单：

4－1

转账凭证

年　　月　　日　　　　　　＿＿字第＿＿号

摘要	总账科目	明细科目	借方金额											贷方金额											记账符号
			亿	千	百	十	万	千	百	十	元	角	分	亿	千	百	十	万	千	百	十	元	角	分	
合计																									

附原始凭证　　张

会计主管：　　　　记账：　　　　审核：　　　　制单：

5-1

付款凭证

贷方科目：　　　　年　月　日　　　　＿＿字第＿＿号

摘要	借方科目		金额											记账符号
	总账科目	明细科目	亿	千	百	十	万	千	百	十	元	角	分	
合计														

附原始凭证　张

会计主管：　　记账：　　审核：　　出纳：　　制单：

5-2

转账凭证

年　月　日　　　　＿＿字第＿＿号

摘要	总账科目	明细科目	借方金额											贷方金额											记账符号
			亿	千	百	十	万	千	百	十	元	角	分	亿	千	百	十	万	千	百	十	元	角	分	
合计																									

附原始凭证　张

会计主管：　　记账：　　审核：　　制单：

6-1

付款凭证

贷方科目：　　　　　　　　　年　　月　　日　　　　　　　＿＿字第＿＿号

摘要	借方科目		金额											记账符号
	总账科目	明细科目	亿	千	百	十	万	千	百	十	元	角	分	
合计														

附原始凭证　张

会计主管：　　记账：　　审核：　　出纳：　　制单：

7-1

付款凭证

贷方科目：　　　　　　　　　年　　月　　日　　　　　　　＿＿字第＿＿号

摘要	借方科目		金额											记账符号
	总账科目	明细科目	亿	千	百	十	万	千	百	十	元	角	分	
合计														

附原始凭证　张

会计主管：　　记账：　　审核：　　出纳：　　制单：

8-1

付 款 凭 证

贷方科目：　　　　年　月　日　　　　＿＿字第＿＿号

摘　要	借方科目		金　额											记账符号
	总账科目	明细科目	亿	千	百	十	万	千	百	十	元	角	分	
合　计														

附原始凭证　张

会计主管：　　记账：　　审核：　　出纳：　　制单：

9-1

转 账 凭 证

年　月　日　　　　＿＿字第＿＿号

摘　要	总账科目	明细科目	借方金额											贷方金额											记账符号
			亿	千	百	十	万	千	百	十	元	角	分	亿	千	百	十	万	千	百	十	元	角	分	
合　计																									

附原始凭证　张

会计主管：　　记账：　　审核：　　制单：

9-2

收款凭证

借方科目：　　　　　　　　年　　月　　日　　　　　　　　____字第____号

摘要	贷方科目		金额											记账符号
	总账科目	明细科目	亿	千	百	十	万	千	百	十	元	角	分	
合计														

附原始凭证　　张

会计主管：　　　　记账：　　　　审核：　　　　出纳：　　　　制单：

10-1

收款凭证

借方科目：　　　　　　　　年　　月　　日　　　　　　　　____字第____号

摘要	贷方科目		金额											记账符号
	总账科目	明细科目	亿	千	百	十	万	千	百	十	元	角	分	
合计														

附原始凭证　　张

会计主管：　　　　记账：　　　　审核：　　　　出纳：　　　　制单：

11-1

付款凭证

贷方科目：　　　　　　　　年　　月　　日　　　　　　　　＿＿字第＿＿号

摘要	借方科目		金额											记账符号
	总账科目	明细科目	亿	千	百	十	万	千	百	十	元	角	分	
合计														

附原始凭证　　张

会计主管：　　　记账：　　　审核：　　　出纳：　　　制单：

12-1

付款凭证

贷方科目：　　　　　　　　年　　月　　日　　　　　　　　＿＿字第＿＿号

摘要	借方科目		金额											记账符号
	总账科目	明细科目	亿	千	百	十	万	千	百	十	元	角	分	
合计														

附原始凭证　　张

会计主管：　　　记账：　　　审核：　　　出纳：　　　制单：

13-1

付款凭证

贷方科目：　　　　　　　　年　　月　　日　　　　　　　　____字第____号

摘要	借方科目		金额											记账符号
	总账科目	明细科目	亿	千	百	十	万	千	百	十	元	角	分	
合计														

附原始凭证　张

会计主管：　　　记账：　　　审核：　　　出纳：　　　制单：

14-1

付款凭证

贷方科目：　　　　　　　　年　　月　　日　　　　　　　　____字第____号

摘要	借方科目		金额											记账符号
	总账科目	明细科目	亿	千	百	十	万	千	百	十	元	角	分	
合计														

附原始凭证　张

会计主管：　　　记账：　　　审核：　　　出纳：　　　制单：

14−2

转账凭证

年　月　日　　　　　　　　____字第____号

摘要	总账科目	明细科目	借方金额											贷方金额											记账符号	附原始凭证　张
			亿	千	百	十	万	千	百	十	元	角	分	亿	千	百	十	万	千	百	十	元	角	分		
合计																										

会计主管：　　　记账：　　　审核：　　　制单：

15−1

付款凭证

贷方科目：　　　年　月　日　　　　____字第____号

摘要	借方科目		金额											记账符号	附原始凭证　张
	总账科目	明细科目	亿	千	百	十	万	千	百	十	元	角	分		
合计															

会计主管：　　　记账：　　　审核：　　　出纳：　　　制单：

16-1

转账凭证

年　月　日　　　　　　　　　　　　　　　　＿＿字第＿＿号

摘要	总账科目	明细科目	借方金额											贷方金额											记账符号
			亿	千	百	十	万	千	百	十	元	角	分	亿	千	百	十	万	千	百	十	元	角	分	
合计																									

附原始凭证　　张

会计主管：　　　　记账：　　　　审核：　　　　制单：

16-2

收款凭证

借方科目：　　　　　　年　月　日　　　　　　　　＿＿字第＿＿号

摘要	贷方科目		金额											记账符号
	总账科目	明细科目	亿	千	百	十	万	千	百	十	元	角	分	
合计														

附原始凭证　　张

会计主管：　　　　记账：　　　　审核：　　　　出纳：　　　　制单：

17-1

付 款 凭 证

贷方科目：　　　　　　　　　　年　　月　　日　　　　　　　　＿＿字第＿＿号

摘　要	借方科目		金　额											记账符号
	总账科目	明细科目	亿	千	百	十	万	千	百	十	元	角	分	
合　计														

附原始凭证　张

会计主管：　　　记账：　　　审核：　　　出纳：　　　制单：

18-1

转 账 凭 证

年　　月　　日　　　　　　　　＿＿字第＿＿号

摘　要	总账科目	明细科目	借方金额											贷方金额											记账符号
			亿	千	百	十	万	千	百	十	元	角	分	亿	千	百	十	万	千	百	十	元	角	分	
合　计																									

附原始凭证　张

会计主管：　　　记账：　　　审核：　　　制单：

18-2

收款凭证

借方科目：　　　　　　　　年　　月　　日　　　　　　____字第____号

摘要	贷方科目		金额											记账符号
	总账科目	明细科目	亿	千	百	十	万	千	百	十	元	角	分	
合计														

附原始凭证　　张

会计主管：　　记账：　　审核：　　出纳：　　制单：

19-1

付款凭证

贷方科目：　　　　　　　　年　　月　　日　　　　　　____字第____号

摘要	借方科目		金额											记账符号
	总账科目	明细科目	亿	千	百	十	万	千	百	十	元	角	分	
合计														

附原始凭证　　张

会计主管：　　记账：　　审核：　　出纳：　　制单：

20-1

付款凭证

贷方科目：　　　　　　　　　　年　　月　　日　　　　　　　　　　____字第____号

摘要	借方科目		金额											记账符号
	总账科目	明细科目	亿	千	百	十	万	千	百	十	元	角	分	
合计														

附原始凭证　　张

会计主管：　　　记账：　　　审核：　　　出纳：　　　制单：

21-1

付款凭证

贷方科目：　　　　　　　　　　年　　月　　日　　　　　　　　　　____字第____号

摘要	借方科目		金额											记账符号
	总账科目	明细科目	亿	千	百	十	万	千	百	十	元	角	分	
合计														

附原始凭证　　张

会计主管：　　　记账：　　　审核：　　　出纳：　　　制单：

22-1

收款凭证

借方科目：　　　　　　年　　月　　日　　　　　　____字第____号

摘要	贷方科目		金额											记账符号
	总账科目	明细科目	亿	千	百	十	万	千	百	十	元	角	分	
合计														

附原始凭证　张

会计主管：　　记账：　　审核：　　出纳：　　制单：

23-1

付款凭证

贷方科目：　　　　　　年　　月　　日　　　　　　____字第____号

摘要	借方科目		金额											记账符号
	总账科目	明细科目	亿	千	百	十	万	千	百	十	元	角	分	
合计														

附原始凭证　张

会计主管：　　记账：　　审核：　　出纳：　　制单：

23-2

转账凭证

年　　月　　日　　　　　　　　＿＿字第＿＿号

摘要	总账科目	明细科目	借方金额											贷方金额											记账符号
			亿	千	百	十	万	千	百	十	元	角	分	亿	千	百	十	万	千	百	十	元	角	分	
合计																									

附原始凭证　　张

会计主管：　　　　记账：　　　　审核：　　　　制单：

24-1

付款凭证

贷方科目：　　　　年　　月　　日　　　　＿＿字第＿＿号

摘要	借方科目		金额											记账符号
	总账科目	明细科目	亿	千	百	十	万	千	百	十	元	角	分	
合计														

附原始凭证　　张

会计主管：　　　　记账：　　　　审核：　　　　出纳：　　　　制单：

24-2

付款凭证

贷方科目：　　　　　　　　年　　月　　日　　　　　　　　____字第____号

摘要	借方科目		金额											记账符号
	总账科目	明细科目	亿	千	百	十	万	千	百	十	元	角	分	
合计														

附原始凭证　　张

会计主管：　　记账：　　审核：　　出纳：　　制单：

24-3

付款凭证

贷方科目：　　　　　　　　年　　月　　日　　　　　　　　____字第____号

摘要	借方科目		金额											记账符号
	总账科目	明细科目	亿	千	百	十	万	千	百	十	元	角	分	
合计														

附原始凭证　　张

会计主管：　　记账：　　审核：　　出纳：　　制单：

24-4

付款凭证

贷方科目：　　　　　　　　　　年　　月　　日　　　　　　　　　　______字第____号

摘要	借方科目		金额											记账符号
	总账科目	明细科目	亿	千	百	十	万	千	百	十	元	角	分	
合计														

附原始凭证　张

会计主管：　　　　记账：　　　　审核：　　　　出纳：　　　　制单：

25-1

付款凭证

贷方科目：　　　　　　　　　　年　　月　　日　　　　　　　　　　______字第____号

摘要	借方科目		金额											记账符号
	总账科目	明细科目	亿	千	百	十	万	千	百	十	元	角	分	
合计														

附原始凭证　张

会计主管：　　　　记账：　　　　审核：　　　　出纳：　　　　制单：

26-1

收 款 凭 证

借方科目：　　　　　　　　　　年　　月　　日　　　　　　　　＿＿字第＿＿号

摘　　要	贷　方　科　目		金　　额											记账符号
	总账科目	明细科目	亿	千	百	十	万	千	百	十	元	角	分	
合　　计														

附原始凭证　　张

会计主管：　　　　记账：　　　　审核：　　　　出纳：　　　　制单：

27-1

付 款 凭 证

贷方科目：　　　　　　　　　　年　　月　　日　　　　　　　　＿＿字第＿＿号

摘　　要	借　方　科　目		金　　额											记账符号
	总账科目	明细科目	亿	千	百	十	万	千	百	十	元	角	分	
合　　计														

附原始凭证　　张

会计主管：　　　　记账：　　　　审核：　　　　出纳：　　　　制单：

28-1

转账凭证

年　月　日　　　　＿＿字第＿＿号

摘要	总账科目	明细科目	借方金额											贷方金额											记账符号
			亿	千	百	十	万	千	百	十	元	角	分	亿	千	百	十	万	千	百	十	元	角	分	
合计																									

附原始凭证　张

会计主管：　记账：　审核：　制单：

29-1

付款凭证

贷方科目：　年　月　日　　　　＿＿字第＿＿号

摘要	借方科目		金额											记账符号
	总账科目	明细科目	亿	千	百	十	万	千	百	十	元	角	分	
合计														

附原始凭证　张

会计主管：　记账：　审核：　出纳：　制单：

30-1

付款凭证

贷方科目：　　　　　　　　　　　　年　　月　　日　　　　　　　　　　　　＿＿字第＿＿号

摘要	借方科目		金额											记账符号
	总账科目	明细科目	亿	千	百	十	万	千	百	十	元	角	分	
合计														

附原始凭证　　张

会计主管：　　　　记账：　　　　审核：　　　　出纳：　　　　制单：

31-1

转账凭证

年　　月　　日　　　　　　　　　　　　＿＿字第＿＿号

摘要	总账科目	明细科目	借方金额											贷方金额											记账符号
			亿	千	百	十	万	千	百	十	元	角	分	亿	千	百	十	万	千	百	十	元	角	分	
合计																									

附原始凭证　　张

会计主管：　　　　记账：　　　　审核：　　　　制单：

31-2

转 账 凭 证

年　　月　　日　　　　　　　　＿＿字 第＿＿号

摘　　要	总账科目	明细科目	借方金额											贷方金额											记账符号
			亿	千	百	十	万	千	百	十	元	角	分	亿	千	百	十	万	千	百	十	元	角	分	
合　　计																									

附原始凭证　　张

会计主管：　　　　记账：　　　　审核：　　　　制单：

32-1

转 账 凭 证

年　　月　　日　　　　　　　　＿＿字 第＿＿号

摘　　要	总账科目	明细科目	借方金额											贷方金额											记账符号
			亿	千	百	十	万	千	百	十	元	角	分	亿	千	百	十	万	千	百	十	元	角	分	
合　　计																									

附原始凭证　　张

会计主管：　　　　记账：　　　　审核：　　　　制单：

32-2

转账凭证

年　月　日　　　　＿＿字第＿＿号

摘要	总账科目	明细科目	借方金额											贷方金额											记账符号
			亿	千	百	十	万	千	百	十	元	角	分	亿	千	百	十	万	千	百	十	元	角	分	
合计																									

附原始凭证　张

会计主管：　　记账：　　审核：　　制单：

33-1

转账凭证

年　月　日　　　　＿＿字第＿＿号

摘要	总账科目	明细科目	借方金额											贷方金额											记账符号
			亿	千	百	十	万	千	百	十	元	角	分	亿	千	百	十	万	千	百	十	元	角	分	
合计																									

附原始凭证　张

会计主管：　　记账：　　审核：　　制单：

33−2

转 账 凭 证

年　月　日　　　　　　　　　　　　＿＿字第＿＿号

摘　要	总账科目	明细科目	借方金额											贷方金额											记账符号
			亿	千	百	十	万	千	百	十	元	角	分	亿	千	百	十	万	千	百	十	元	角	分	
合　计																									

附原始凭证　张

会计主管：　　　记账：　　　审核：　　　制单：

34−1

转 账 凭 证

年　月　日　　　　　　　　　　　　＿＿字第＿＿号

摘　要	总账科目	明细科目	借方金额											贷方金额											记账符号
			亿	千	百	十	万	千	百	十	元	角	分	亿	千	百	十	万	千	百	十	元	角	分	
合　计																									

附原始凭证　张

会计主管：　　　记账：　　　审核：　　　制单：

35-1

转账凭证

年　　月　　日　　　　　　　　＿＿字第＿＿号

摘要	总账科目	明细科目	借方金额											贷方金额											记账符号
			亿	千	百	十	万	千	百	十	元	角	分	亿	千	百	十	万	千	百	十	元	角	分	
合计																									

附原始凭证　　张

会计主管：　　　　记账：　　　　审核：　　　　制单：

36-1

转账凭证

年　　月　　日　　　　　　　　＿＿字第＿＿号

摘要	总账科目	明细科目	借方金额											贷方金额											记账符号
			亿	千	百	十	万	千	百	十	元	角	分	亿	千	百	十	万	千	百	十	元	角	分	
合计																									

附原始凭证　　张

会计主管：　　　　记账：　　　　审核：　　　　制单：

37-1

转账凭证

年　　月　　日　　　　　　　　　　　　　　　　______字第____号

摘要	总账科目	明细科目	借方金额											贷方金额											记账符号
			亿	千	百	十	万	千	百	十	元	角	分	亿	千	百	十	万	千	百	十	元	角	分	
合计																									

附原始凭证　　张

会计主管：　　　　记账：　　　　审核：　　　　制单：

38-1

转账凭证

年　　月　　日　　　　　　　　　　　　　　　　______字第____号

摘要	总账科目	明细科目	借方金额											贷方金额											记账符号
			亿	千	百	十	万	千	百	十	元	角	分	亿	千	百	十	万	千	百	十	元	角	分	
合计																									

附原始凭证　　张

会计主管：　　　　记账：　　　　审核：　　　　制单：

39-1

转账凭证

年 月 日　　　　　　　　＿＿字第＿＿号

摘要	总账科目	明细科目	借方金额											贷方金额											记账符号
			亿	千	百	十	万	千	百	十	元	角	分	亿	千	百	十	万	千	百	十	元	角	分	
合计																									

附原始凭证　张

会计主管：　　　　记账：　　　　审核：　　　　制单：

40-1

转账凭证

年 月 日　　　　　　　　＿＿字第＿＿号

摘要	总账科目	明细科目	借方金额											贷方金额											记账符号
			亿	千	百	十	万	千	百	十	元	角	分	亿	千	百	十	万	千	百	十	元	角	分	
合计																									

附原始凭证　张

会计主管：　　　　记账：　　　　审核：　　　　制单：

41-1

转 账 凭 证

年　　月　　日　　　　＿＿字第＿＿号

摘要	总账科目	明细科目	借方金额											贷方金额											记账符号
			亿	千	百	十	万	千	百	十	元	角	分	亿	千	百	十	万	千	百	十	元	角	分	
合计																									

附原始凭证　张

会计主管：　　记账：　　审核：　　制单：

42-1

转 账 凭 证

年　　月　　日　　　　＿＿字第＿＿号

摘要	总账科目	明细科目	借方金额											贷方金额											记账符号
			亿	千	百	十	万	千	百	十	元	角	分	亿	千	百	十	万	千	百	十	元	角	分	
合计																									

附原始凭证　张

会计主管：　　记账：　　审核：　　制单：

43－1

转账凭证

年　月　日　　　　＿＿字第＿＿号

摘要	总账科目	明细科目	借方金额											贷方金额											记账符号
			亿	千	百	十	万	千	百	十	元	角	分	亿	千	百	十	万	千	百	十	元	角	分	
合计																									

附原始凭证　张

会计主管：　　记账：　　审核：　　制单：

44－1

转账凭证

年　月　日　　　　＿＿字第＿＿号

摘要	总账科目	明细科目	借方金额											贷方金额											记账符号
			亿	千	百	十	万	千	百	十	元	角	分	亿	千	百	十	万	千	百	十	元	角	分	
合计																									

附原始凭证　张

会计主管：　　记账：　　审核：　　制单：

44-2

转账凭证

年　月　日　　　　____字第____号

摘要	总账科目	明细科目	借方金额											贷方金额											记账符号
			亿	千	百	十	万	千	百	十	元	角	分	亿	千	百	十	万	千	百	十	元	角	分	
合计																									

附原始凭证　张

会计主管：　　记账：　　审核：　　制单：

45-1

转账凭证

年　月　日　　　　____字第____号

摘要	总账科目	明细科目	借方金额											贷方金额											记账符号
			亿	千	百	十	万	千	百	十	元	角	分	亿	千	百	十	万	千	百	十	元	角	分	
合计																									

附原始凭证　张

会计主管：　　记账：　　审核：　　制单：

45-2

转账凭证

年　月　日　　　　　　　　　　＿＿字第＿＿号

摘要	总账科目	明细科目	借方金额										贷方金额										记账符号
			亿	千	百	十	万	千	百	十	元	角	分	亿	千	百	十	万	千	百	十	元	角	分	
合计																							

附原始凭证　张

会计主管：　　记账：　　审核：　　制单：

46-1

转账凭证

年　月　日　　　　　　　　　　＿＿字第＿＿号

摘要	总账科目	明细科目	借方金额										贷方金额										记账符号
			亿	千	百	十	万	千	百	十	元	角	分	亿	千	百	十	万	千	百	十	元	角	分	
合计																							

附原始凭证　张

会计主管：　　记账：　　审核：　　制单：

47-1

转账凭证

年　月　日　　　　　　　　　　＿＿字第＿＿号

摘要	总账科目	明细科目	借方金额											贷方金额											记账符号
			亿	千	百	十	万	千	百	十	元	角	分	亿	千	百	十	万	千	百	十	元	角	分	
合计																									

附原始凭证　张

会计主管：　　记账：　　审核：　　制单：

48-1

转账凭证

年　月　日　　　　　　　　　　＿＿字第＿＿号

摘要	总账科目	明细科目	借方金额											贷方金额											记账符号
			亿	千	百	十	万	千	百	十	元	角	分	亿	千	百	十	万	千	百	十	元	角	分	
合计																									

附原始凭证　张

会计主管：　　记账：　　审核：　　制单：

48-2

转 账 凭 证

年　　月　　日　　　　　　　　　　　　____字第____号

摘　　要	总账科目	明细科目	借方金额											贷方金额											记账符号
			亿	千	百	十	万	千	百	十	元	角	分	亿	千	百	十	万	千	百	十	元	角	分	
合　　计																									

附原始凭证　　张

会计主管：　　　　　　记账：　　　　　　审核：　　　　　　制单：

付款凭证

贷方科目：　　　　年　　月　　日　　　　＿＿字第＿＿号

摘要	借方科目		金额											记账符号
	总账科目	明细科目	亿	千	百	十	万	千	百	十	元	角	分	
合计														

附原始凭证　　张

会计主管：　　记账：　　审核：　　出纳：　　制单：

付款凭证

贷方科目：　　　　年　　月　　日　　　　＿＿字第＿＿号

摘要	借方科目		金额											记账符号
	总账科目	明细科目	亿	千	百	十	万	千	百	十	元	角	分	
合计														

附原始凭证　　张

会计主管：　　记账：　　审核：　　出纳：　　制单：

付 款 凭 证

贷方科目：　　　　　　年　　月　　日　　　　　　____字第____号

摘　要	借方科目		金　额											记账符号
	总账科目	明细科目	亿	千	百	十	万	千	百	十	元	角	分	
合　计														

附原始凭证　张

会计主管：　　记账：　　审核：　　出纳：　　制单：

付 款 凭 证

贷方科目：　　　　　　年　　月　　日　　　　　　____字第____号

摘　要	借方科目		金　额											记账符号
	总账科目	明细科目	亿	千	百	十	万	千	百	十	元	角	分	
合　计														

附原始凭证　张

会计主管：　　记账：　　审核：　　出纳：　　制单：

付款凭证

贷方科目：　　　　　年　　月　　日　　　　　______字第____号

摘要	借方科目		金额											记账符号
	总账科目	明细科目	亿	千	百	十	万	千	百	十	元	角	分	
合计														

附原始凭证　　张

会计主管：　　记账：　　审核：　　出纳：　　制单：

付款凭证

贷方科目：　　　　　年　　月　　日　　　　　______字第____号

摘要	借方科目		金额											记账符号
	总账科目	明细科目	亿	千	百	十	万	千	百	十	元	角	分	
合计														

附原始凭证　　张

会计主管：　　记账：　　审核：　　出纳：　　制单：

付款凭证

贷方科目：　　　　年　月　日　　　　____字第____号

摘要	借方科目		金额											记账符号
	总账科目	明细科目	亿	千	百	十	万	千	百	十	元	角	分	
合计														

附原始凭证　张

会计主管：　记账：　审核：　出纳：　制单：

付款凭证

贷方科目：　　　　年　月　日　　　　____字第____号

摘要	借方科目		金额											记账符号
	总账科目	明细科目	亿	千	百	十	万	千	百	十	元	角	分	
合计														

附原始凭证　张

会计主管：　记账：　审核：　出纳：　制单：

付款凭证

贷方科目：　　　　　　　　年　　月　　日　　　　　　　　____字第____号

摘要	借方科目		金额											记账符号
	总账科目	明细科目	亿	千	百	十	万	千	百	十	元	角	分	
合计														

附原始凭证　张

会计主管：　　　记账：　　　审核：　　　出纳：　　　制单：

付款凭证

贷方科目：　　　　　　　　年　　月　　日　　　　　　　　____字第____号

摘要	借方科目		金额											记账符号
	总账科目	明细科目	亿	千	百	十	万	千	百	十	元	角	分	
合计														

附原始凭证　张

会计主管：　　　记账：　　　审核：　　　出纳：　　　制单：

收 款 凭 证

借方科目：　　　　年　　月　　日　　　　＿＿字第＿＿号

摘　要	贷方科目		金额											记账符号
	总账科目	明细科目	亿	千	百	十	万	千	百	十	元	角	分	
合　计														

附原始凭证　张

会计主管：　　记账：　　审核：　　出纳：　　制单：

收 款 凭 证

借方科目：　　　　年　　月　　日　　　　＿＿字第＿＿号

摘　要	贷方科目		金额											记账符号
	总账科目	明细科目	亿	千	百	十	万	千	百	十	元	角	分	
合　计														

附原始凭证　张

会计主管：　　记账：　　审核：　　出纳：　　制单：

收 款 凭 证

借方科目：　　　　　　　年　　月　　日　　　　　　　　____字第____号

摘　要	贷方科目		金额											记账符号
	总账科目	明细科目	亿	千	百	十	万	千	百	十	元	角	分	
合　计														

附原始凭证　张

会计主管：　　　记账：　　　审核：　　　出纳：　　　制单：

收 款 凭 证

借方科目：　　　　　　　年　　月　　日　　　　　　　　____字第____号

摘　要	贷方科目		金额											记账符号
	总账科目	明细科目	亿	千	百	十	万	千	百	十	元	角	分	
合　计														

附原始凭证　张

会计主管：　　　记账：　　　审核：　　　出纳：　　　制单：

收款凭证

借方科目：　　　　　　　　年　月　日　　　　　　　　＿＿字第＿＿号

摘要	贷方科目		金额											记账符号
	总账科目	明细科目	亿	千	百	十	万	千	百	十	元	角	分	
合计														

附原始凭证　张

会计主管：　　记账：　　审核：　　出纳：　　制单：

收款凭证

借方科目：　　　　　　　　年　月　日　　　　　　　　＿＿字第＿＿号

摘要	贷方科目		金额											记账符号
	总账科目	明细科目	亿	千	百	十	万	千	百	十	元	角	分	
合计														

附原始凭证　张

会计主管：　　记账：　　审核：　　出纳：　　制单：

收款凭证

借方科目：　　　　年　　月　　日　　　　____字第____号

摘要	贷方科目		金额											记账符号
	总账科目	明细科目	亿	千	百	十	万	千	百	十	元	角	分	
合计														

附原始凭证　张

会计主管：　　记账：　　审核：　　出纳：　　制单：

收款凭证

借方科目：　　　　年　　月　　日　　　　____字第____号

摘要	贷方科目		金额											记账符号
	总账科目	明细科目	亿	千	百	十	万	千	百	十	元	角	分	
合计														

附原始凭证　张

会计主管：　　记账：　　审核：　　出纳：　　制单：

转账凭证

年　月　日　　　　______字第____号

摘要	总账科目	明细科目	借方金额											贷方金额											记账符号
			亿	千	百	十	万	千	百	十	元	角	分	亿	千	百	十	万	千	百	十	元	角	分	
合计																									

附原始凭证　张

会计主管：　　记账：　　审核：　　制单：

转账凭证

年　月　日　　　　______字第____号

摘要	总账科目	明细科目	借方金额											贷方金额											记账符号
			亿	千	百	十	万	千	百	十	元	角	分	亿	千	百	十	万	千	百	十	元	角	分	
合计																									

附原始凭证　张

会计主管：　　记账：　　审核：　　制单：

转账凭证

年　月　日　　　　______字第____号

摘要	总账科目	明细科目	借方金额											贷方金额											记账符号
			亿	千	百	十	万	千	百	十	元	角	分	亿	千	百	十	万	千	百	十	元	角	分	
合计																									

附原始凭证　张

会计主管：　　记账：　　审核：　　制单：

转账凭证

年　月　日　　　　______字第____号

摘要	总账科目	明细科目	借方金额											贷方金额											记账符号
			亿	千	百	十	万	千	百	十	元	角	分	亿	千	百	十	万	千	百	十	元	角	分	
合计																									

附原始凭证　张

会计主管：　　记账：　　审核：　　制单：

转账凭证

年　月　日　　　　　　　　______字第______号

摘要	总账科目	明细科目	借方金额										贷方金额										记账符号
			亿	千	百	十	万	千	百	十	元	角	分	亿	千	百	十	万	千	百	十	元	角	分	
合计																							

附原始凭证　张

会计主管：　　　　记账：　　　　审核：　　　　制单：

转账凭证

年　月　日　　　　　　　　______字第______号

摘要	总账科目	明细科目	借方金额										贷方金额										记账符号
			亿	千	百	十	万	千	百	十	元	角	分	亿	千	百	十	万	千	百	十	元	角	分	
合计																							

附原始凭证　张

会计主管：　　　　记账：　　　　审核：　　　　制单：

装订线

凭证封面

总号	
第　册	共　册

年　　月份

自　　日至　　日

凭证种类	起讫号数	凭证张数	附件张数	备注
	—			
	—			
	—			
	—			
	—			

主管：　　　　会计：　　　　装订：

抽出凭证登记表

抽出日期	抽出凭证张数、号数				抽出理由	抽出人盖章	会计主管盖章	归还日期	备注
	记账凭证编号	名称	张数	金额					

装订线

凭证封面

年　　月份

自　　日至　　日

总　号	
第　册	共　册

凭证种类	起讫号数	凭证张数	附件张数	备　注
	—			
	—			
	—			
	—			
	—			

主管：　　　　会计：　　　　装订：

抽出凭证登记表

抽出日期	抽出凭证张数、号数				抽出理由	抽出人盖章	会计主管盖章	归还日期	备注
	记账凭证编号	名称	张数	金额					

万丰市宏伟有限公司

科 目 汇 总 表

时间：　　　年　　月　　日至　　日　　　　　　　　　科汇字第　号

借方发生额	科　目	贷方发生额

万丰市宏伟有限公司

科 目 汇 总 表

时间：　　　年　　月　　日至　　日　　　　　　　　科汇字第　号

借方发生额	科　目	贷方发生额

万丰市宏伟有限公司

科目汇总表

时间：　　年　月　日至　日　　　　　　　　科汇字第　号

借方发生额	科　目	贷方发生额

万丰市宏伟有限公司

科目汇总表

时间：　　年　月　日至　日　　　　科汇字第　号

借方发生额	科　目	贷方发生额

实习项目2　出纳岗位实习

第一部分　实习预备知识

一、出纳岗位

出纳是管理货币资金、票据、有价证券进进出出的一项工作。具体地说，出纳是按照有关规定和制度，办理本单位的现金收付、银行结算及有关账务，保管库存现金、有价证券、财务印章及有关票据等工作的总称。从广义上讲，票据、货币资金和有价证券的收付、保管、核算都属于出纳工作。

出纳是会计工作的重要环节，涉及现金收付、银行结算等活动，而这些又直接关系到职工个人、单位乃至国家的经济利益。出纳工作出了差错，就可能造成不可挽回的损失。因此，明确出纳人员的职责和权限，是做好出纳工作的基本条件。根据《中华人民共和国会计法》《会计基础工作规范》等财会法规，出纳员的工作职责主要有以下几个方面:

1.按照国家有关现金管理和银行结算制度的规定，办理现金收付和银行结算业务。出纳员应严格遵守现金开支范围，非现金结算范围内的业务不得用现金收付。同时，出纳员还要遵守《银行支付结算办法》的有关规定，不得签发空头和远期票据，挪用和套取银行存款。

2.负责现金支票等银行结算凭单、银行定期存款存单、股票、债券等有价证券和贵重物品的保管。

3.负责人民币现金、外汇现金的保管。遵守库存现金限额，超限额的现金按规定及时送存银行；每日收到的现金要及时送存银行，不得“坐支”；不得超限额保存现金，不私借、挪用公款，不用开支单据和“白条”顶替库存现金，不为其他单位、部门用支票套取现金。

4.负责库存现金、银行存款日记账逐笔登记。根据记账凭证编制库存现金日报表，并经主管会计审签，每天下班前盘点库存现金，做到现金日清月结。

5.负责库存现金、银行存款账的对账工作，做到账实相符、账账相符；及时编制“银行存款余额调节表”，做好未达账项的清理工作，防止呆账形成。定期或不定期地接受财务负责人、主管会计对库存现金、银行存款账的抽查。

规模较大、业务复杂、出纳人员有两名以上的单位，要在出纳部门内部实行岗位责任制，要对出纳人员的工作进行明确的分工，使每一项出纳工作都有出纳人员负责，每一个出纳人员都有明确的职责。出纳人员的具体分工要从管理的要求和工作便利等方面综合考虑。通常可按库存现金与银行存款、银行存款的不同户头、票据与有价证券的办理等工作性质上的差异进行分工，也可以将整个出纳工作划分为不同的阶段和步骤，按工作阶段和步骤进行分工。对于公司内部“结算中心”式的出纳机构中的人员分工，还可以按不同分公司定岗定人。

二、库存现金日记账

库存现金日记账是由出纳人员根据库存现金的收款凭证和付款凭证（在只设通用记账凭证的单位，根据记账凭证中涉及现金收付业务的凭证）

逐日逐笔序时登记的，专门用来登记现金收入和支出业务的日记账。

库存现金日记账的格式一般有两种：一种是三栏式；另一种是多栏式。库存现金日记账通常采用三栏式日记账。三栏式日记账是将库存现金的收入、支出和结余记录在同一张账页上，各收入和支出栏的对方账户(或称对应账户、对方科目、对应科目)另设专栏反映，也可不设对方账户栏。

库存现金日记账应由出纳人员根据审核无误的原始凭证、现金收款凭证、现金付款凭证和银行存款付款凭证(指从银行提取现金的业务)逐日逐笔序时登记。为及时地了解和掌握现金的收支情况和结存数额，该账簿应及时登记，并于每日终了计算本日现金收入、支出合计数和结存数，并且同库存现金实存数核对相符；月份终了，“库存现金日记账”的余额应与“库存现金总账”的余额相符，做到日清月结，保证账实相符、账账相符。

三、银行存款日记账

银行存款日记账是由出纳人员根据银行存款的收款凭证和付款凭证(在只设通用记账凭证的单位，根据记账凭证中涉及银行存款收付业务的凭证)逐日逐笔序时登记的，专门用来登记银行存款收入和支出业务的日记账。

银行存款日记账的格式一般有两种：一种是三栏式；另一种是多栏式。银行存款日记账通常采用三栏式日记账。

银行存款日记账应由出纳人员根据审核无误的原始凭证、银行存款收款凭证、银行存款付款凭证和现金付款凭证(指将现金存入银行的业务)逐日逐笔序时登记。为及时地了解和掌握银行存款的收支情况和结存数额，该账簿应及时登记，并于每日终了计算本日银行存款收入、支出合计数和结存数。

为确保银行存款账账相符、账实相符，月份终了，应将“银行存款日记账”的余额与“银行存款总账”的余额核对相符。同时还应将“银行存款日记账”定期与“银行存款对账单”核对，至少每月核对一次。核对时，双方余额如果不一致，其原因可能是记账差错，也可能是存在未达账项。企业应按月编制“银行存款余额调节表”，以查明“银行存款日记账”与“银行存款对账单”余额不相符是否是未达账项造成的。

未达账项是指企业与银行之间，由于凭证传递的时间不一致而造成的一方已经登记入账而另一方尚未入账的款项。未达账项包括以下四种情况：①银行已经收款记账、企业尚未记账的款项；②银行已经付款记账、企业尚未记账的款项；③企业已经收款记账、银行尚未记账的款项；④企业已经付款记账、银行尚未记账的款项。只要存在以上四种情况的任何一种，都会导致企业“银行存款日记账”与“银行存款对账单”的余额不符。

在银行存款清查过程中，如果出现企业“银行存款日记账”与“银行存款对账单”的余额不符的情况，应该首先找出未达账项，编制“银行存款余额调节表”，对银行存款余额调节以后，再进行核对。

“银行存款余额调节表”的编制方法一般采用差额计算法，“银行存款余额调节表”的格式见下表。

银行存款余额调节表

项目	金额	项目	金额
企业银行存款日记账余额	×××	银行存款对账单余额	×××
加:企业未入账的收入款项	×××	加:银行未入账的收入款项	×××
减:企业未入账的支出款项	×××	减:银行未入账的支出款项	×××
调节后的余额	×××	调节后的余额	×××

通过编制“银行存款余额调节表”对有关项目调节后，如果双方余额相等，一般说明双方记账没有错误;如果不等，则表明记账有错误，需进一步查明原因。采用这种方法进行调节，所得到的调节后的余额是企业可以动用的款项。需要指出的是，“银行存款余额调节表”只起到对账的作用，不能作为调节账面余额的凭证。“银行存款日记账”的登记还应待收到有关原始凭证后再进行。

第二部分　实习项目设计

一、实习目的

通过本实习项目的实习，使学生熟悉出纳岗位的工作内容和出纳人员的工作职责，掌握库存现金日记账和银行存款日记账的登记以及库存现金和银行存款的清查方法，牢记库存现金、银行存款等货币资金管理必须做到日清月结、账账相符、账实相符，确保货币资金安全完整。

二、实习操作要求

1.要求学生根据模拟实习单位发生的涉及库存现金收支的经济业务编制的记账凭证，登记库存现金日记账。

2.要求学生根据模拟实习单位发生的涉及银行存款收支的经济业务编制的记账凭证，登记银行存款日记账。

3.将“银行存款日记账”与“银行存款对账单”进行核对，找出未达账项，编制“银行存款余额调节表”。

三、实习资料

(一)模拟实习单位资料

模拟实习单位资料见本模块实习项目1设计的万丰市宏伟有限公司的有关资料，以及按要求编制的记账凭证。

(二)万丰市宏伟有限公司2022年12月份银行存款对账单

ICBC 中国工商银行

银 行 存 款 对 账 单

账号:12000056783　　　　　　　　　　　　　　　　　　　　　编号:30205467

户名:万丰市宏伟有限公司<基>　　　　日期:2022年12月31日　　　　币种:人民币

2022年		摘要	借方									贷方									借或贷	余额								
月	日		百	十	万	千	百	十	元	角	分	百	十	万	千	百	十	元	角	分		百	十	万	千	百	十	元	角	分
11	30	期末余额																			贷	1	2	8	0	0	0	0	0	0
12	1	转账支票(ZVI 100201654)											1	8	2	0	0	0	0	0	贷	1	4	6	2	0	0	0	0	0
12	1	转账支票(ZVI 00300984)			1	2	0	0	0	0	0										贷	1	4	5	0	0	0	0	0	0
12	1	现金支票(XVI 00301880)				8	0	0	0	0	0										贷	1	4	4	2	0	0	0	0	0
12	2	税收缴款书(14560045)		1	5	3	0	0	0	0	0										贷	1	2	8	9	0	0	0	0	0
12	2	税收缴款书(24560035)			1	0	7	1	0	0	0										贷	1	2	7	8	2	9	0	0	0
12	2	税收缴款书(24560036)				4	5	9	0	0	0										贷	1	2	7	3	7	0	0	0	0
12	3	托收承付(221)		4	4	2	0	0	0	0	0										贷		8	3	1	7	0	0	0	0
12	3	结算手续费(2654)						3	0	0	0										贷		8	3	1	6	7	0	0	0
12	3	银行汇票划转(09345)		1	0	0	0	0	0	0	0										贷		7	3	1	6	7	0	0	0
12	4	结算手续费(2673)						5	0	0	0										贷		7	3	1	6	2	0	0	0

续表

2022年		摘要	借方									贷方									借或贷	余额								
月	日		百	十	万	千	百	十	元	角	分	百	十	万	千	百	十	元	角	分		百	十	万	千	百	十	元	角	分
12	6	进账单(12543)											1	0	3	0	0	0	0	0	贷		8	3	4	6	2	0	0	0
12	10	进账单(12553)										2	0	0	0	0	0	0	0	0	贷	2	8	3	4	6	2	0	0	0
12	12	转账支票(ZVI 00301885)			1	2	0	0	0	0	0										贷	2	8	2	2	6	2	0	0	0
12	13	转账支票(ZVI 00301886)				3	0	9	0	0	0										贷	2	8	1	9	5	3	0	0	0
12	13	托收承付(6951)			5	8	3	5	0	0	0										贷	2	7	6	1	1	8	0	0	0
12	15	转账支票(ZVI 00301887)				3	2	0	0	0	0										贷	2	7	5	7	9	8	0	0	0
12	15	进账单(12643)													6	6	0	0	0	0	贷	2	7	6	4	5	8	0	0	0
12	17	转账支票(ZVI 00301888)			3	0	0	0	0	0	0										贷	2	7	3	4	5	8	0	0	0
12	20	转账支票(ZVI 00301889)				7	5	1	4	5	0										贷	2	7	2	7	0	6	5	5	0
12	20	进账单(12654)											5	4	2	4	0	0	0	0	贷	3	2	6	9	4	6	5	5	0
12	20	转账支票(ZVI 00301890)			1	0	6	0	0	0	0										贷	3	2	5	8	8	6	5	5	0

续表

2022年		摘要	借方									贷方									借或贷	余额								
月	日		百	十	万	千	百	十	元	角	分	百	十	万	千	百	十	元	角	分		百	十	万	千	百	十	元	角	分
12	21	转账支票(ZVI 00301891)			2	0	0	0	0	0	0										贷	3	2	3	8	8	6	5	5	0
12	21	税收缴款书(24560067)			3	4	8	5	0	0	0										贷	3	2	0	4	0	1	5	5	0
12	22	委托收款(67801)			5	7	6	3	0	0	0										贷	3	1	4	6	1	5	6	0	0
12	22	委托收款(67832)											1	8	3	0	6	0	0	0	贷	3	3	2	9	4	4	5	5	0
12	24	转账支票(ZVI 00301892)		1	5	8	0	0	0	0	0										贷	3	1	7	1	4	4	5	5	0
12	28	转账支票(ZVI 00301893)			2	0	3	0	0	0	0										贷	3	1	5	1	1	4	5	5	0
12	28	转账支票(ZVI 00301894)				8	1	2	0	0	0										贷	3	1	4	3	0	2	5	5	0
12	29	转账支票(ZVI 00301895)				4	0	6	0	0	0										贷	3	1	3	8	9	6	5	5	0
12	29	委托收款(67902)				6	5	4	0	0	0										贷	3	1	3	2	4	2	5	5	0
12	30	托收承付(67821)		2	5	0	0	0	0	0	0										贷	2	8	8	2	4	2	5	5	0
12	31	信汇(2009568)											3	5	0	0	0	0	0	0	贷	3	2	3	2	4	2	5	5	0

备注说明：12月1日：转账支票（ZVI 100201654）、转账支票（ZVI 00300984）为上月企业已入账而银行未入账的未达账项。

万丰市宏伟有限公司

库存现金日记账

2022年度

库存现金 日记账

年		凭证		摘要	对应科目	借方													核对号	贷方													核对号	借或贷	余额												
月	日	字	号			百	十	亿	千	百	十	万	千	百	十	元	角	分		百	十	亿	千	百	十	万	千	百	十	元	角	分			百	十	亿	千	百	十	万	千	百	十	元	角	分

库存现金 日记账

年		凭证		摘要	对应科目	借方													核对号	贷方													核对号	借或贷	余额												
月	日	字	号			百	十	亿	千	百	十	万	千	百	十	元	角	分		百	十	亿	千	百	十	万	千	百	十	元	角	分			百	十	亿	千	百	十	万	千	百	十	元	角	分

第27页

库存现金日记账

年		凭证		摘要	对应科目	借方													核对号	贷方													核对号	借或贷	余额												
月	日	字	号			百	十	亿	千	百	十	万	千	百	十	元	角	分		百	十	亿	千	百	十	万	千	百	十	元	角	分			百	十	亿	千	百	十	万	千	百	十	元	角	分

万 丰 市 宏 伟 有 限 公 司

银 行 存 款 日 记 账

2022 年度

银行存款日记账

年		凭证		结算方式					摘要	对应科目	借方													核对号	贷方													核对号	借或贷	余额												
月	日	字	号	支票号码	付委	汇款	托收	其他			百	十	亿	千	百	十	万	千	百	十	元	角	分		百	十	亿	千	百	十	万	千	百	十	元	角	分			百	十	亿	千	百	十	万	千	百	十	元	角	分

银行存款日记账

年		凭证		结算方式					摘要	对应科目	借方													核对号	贷方													核对号	借或贷	余额												
月	日	字	号	支票号码	付委	汇款	托收	其他			百	十	亿	千	百	十	万	千	百	十	元	角	分		百	十	亿	千	百	十	万	千	百	十	元	角	分			百	十	亿	千	百	十	万	千	百	十	元	角	分

银行存款日记账

年		凭证		结算方式					摘要	对应科目	借方													核对号	贷方													核对号	借或贷	余额												
月	日	字	号	支票号码	付委	汇款	托收	其他			百	十	亿	千	百	十	万	千	百	十	元	角	分		百	十	亿	千	百	十	万	千	百	十	元	角	分			百	十	亿	千	百	十	万	千	百	十	元	角	分

银行存款日记账

年		凭证		结算方式					摘要	对应科目	借方													核对号	贷方													核对号	借或贷	余额												
月	日	字	号	支票号码	付委	汇款	托收	其他			百	十	亿	千	百	十	万	千	百	十	元	角	分		百	十	亿	千	百	十	万	千	百	十	元	角	分			百	十	亿	千	百	十	万	千	百	十	元	角	分

银行存款余额调节表

2022年12月31日

项目		金额	项目		金额
企业银行存款日记账余额			银行存款对账单余额		
加：银行已入账、企业未入账的收入款项			加：企业已入账、银行未入账的收入款项		
减：银行已入账、企业未入账的支出款项			减：企业已入账、银行未入账的支出款项		
调节后的余额			调节后的余额		

实习项目3 会计账簿登记实习

第一部分 实习预备知识

一、会计账簿

会计账簿是以会计凭证为依据，全面地、连续地、系统地、科学地记录和反映会计主体某一类或全部经济业务的簿籍，它是由具有专门格式而又相互联系在一起的若干账页所组成的。账簿是账户的载体。

设置和登记会计账簿，可以为经营管理提供系统、完整的会计核算资料，可以正确地计算成本费用和经营成果，为财务成果的分配提供依据。利用账簿提供的资料进行账实核对，可以检查账实是否相符，从而有利于保证各项财产物资和资金的安全完整和合理使用；账簿所提供的资料既是编制财务报表的主要依据，又是进行会计分析和会计检查的必要依据。通过设置和登记账簿，既便于保存会计资料和日后查阅使用，又便于会计核算工作的分工。

会计账簿按其用途可分为序时账簿、分类账簿和备查账簿三种。序时账簿（简称序时账）是按照经济业务发生时间的先后顺序，逐日逐笔登记的账簿。由于它逐日逐笔按照顺序进行登记，所以又称为日记账簿（简称日记账）。分类账簿（简称分类账）是对全部经济业务按照总分类账户和明细分类账户进行分类登记的账簿。备查账簿（简称备查账）是对某些在序时账和分类账等主要账簿中未能记载的经济事项进行补充登记的账簿，又称辅助账簿。

会计账簿按其外表形式可分为订本式账簿、活页式账簿和卡片式账簿三种。订本式账簿是一种在启用以前就将若干账页固定装订成册的账簿。活页式账簿是把若干账页装存在账夹内，可以随时取出和放入账页的账簿。卡片式账簿是把若干具有专门格式的硬卡或硬纸账卡放在卡片箱内，可以随时取放的账簿。

会计账簿由封面、扉页和账页三部分组成。封面：写明账簿的名称和记账单位的名称；扉页：填列账簿启用日期、截止日期、页数、册次、经管人员及会计主管签章、账户目录等；账页：用来具体记录经济业务的部分，其格式主要有三栏式、数量金额式和多栏式三种。

在会计账簿启用时，要填写“账簿启用和经管人员一览表”。会计账簿登记必须用蓝黑墨水书写。红色墨水只能在结账、划线、改错和冲账时使用。各种账簿必须逐页、逐行顺序连续登记，不得隔页、跳行登记。每登记满一张账页时，应加计本页发生额总数，结出余额，并将其填写在账页最末一行，注明“转次页”字样；在下一页的第一行重复上页的数字，注明“承前页”字样。

二、总分类账簿

总分类账簿，简称总账，是根据总分类科目开设账户，用来分类登记全部经济业务，提供各种资产、负债、所有者权益、费用、成本、收入、利润等总括核算资料的分类账簿。

总分类账簿一般采用三栏式的订本式账簿，由会计人员登记完成。总分类账簿的登记取决于企业采用的会计核算程序，可以直接根据记账凭证逐笔进行登记（记账凭证核算程序）；也可以先根据记账凭证定期汇总编制汇总记账凭证，再根据汇总记账凭证登记（汇总记账凭证核算程序）；还可以先根据记账凭证定期汇总编制记账凭证汇总表（又称科目汇总表），再根据记账凭证汇总表登记（记账凭证汇总表核算程序）。

三、明细分类账簿

明细分类账簿，简称明细账，通常是根据总分类科目设置，按所属二级或明细科目开设账户，用来分类登记某一类经济业务，提供明细核算资料的分类账簿。

明细分类账簿的格式通常有三种，即三栏式明细分类账、数量金额式明细分类账和多栏式（或分析式）明细分类账。一般采用活页式或卡片式。对于重要的明细分类账也要采用订本式。

1.三栏式明细分类账

三栏式明细分类账只设有借方、贷方和余额三个金额栏，不设数量栏。这种格式的明细分类账主要适用于只要求进行金额核算而不要求进行数量核算的账户。

2.数量金额式明细分类账

数量金额式明细分类账是既能提供货币指标，又能提供实物指标的明细分类账。数量金额式明细分类账分别设收入、发出和结存三大栏，每大栏下又分别设置数量、单价和金额三小栏。这种格式的明细分类账主要适用于既要进行金额核算，又要进行数量核算的各种实物资产的账户。

3.多栏式明细分类账

多栏式明细分类账同以上两种明细分类账不同。它不是按照有关的明细科目分设账页的，而是根据经济业务的特点和提供资料的要求，在一张账页内的“借方”“贷方”按有关明细科目或明细项目分设若干专栏，借以提供明细项目的详细资料。这种格式的明细分类账主要适用于有关费用、成本和收入成果等账户的明细分类核算。多栏式明细分类账又可分为单方细数多栏式明细账、双方细数多栏式明细账及特种多栏式明细账三种。

（1）单方细数多栏式明细账

单方细数多栏式明细账是对借方（或贷方）发生额的详细情况设置一系列专栏来单独反映的一种账簿格式。这种账簿的格式一般不设置贷方（或借方）栏及余额栏。因为这类账户只反映借方（或贷方）单方向的详细数据，所以其被称为单方细数多栏式明细账。这类明细账的特点是其贷方（或借方）只有每月月底转出有关费用（或收入）时才登记一笔账，所以不专门为此设置专栏，且一般这类明细账月末大多没有余额，因此也不设置余额栏。当要登记有关贷方（或借方）金额时，就在借方（或贷方）用红字转出。若有余额，则记在当月贷方（或借方）发生额的下一行内。单方细数多栏式明细账适用于费用成本、收入类科目的明细分类核算。

（2）双方细数多栏式明细账

双方细数多栏式明细账是对借、贷方发生额的详细情况分别设置一系列专栏来单独反映的一种账簿格式。因为这类明细账户既反映借方又反映贷方（双单）的详细数据，所以称为双方细数多栏式明细账。它适用于财务成果类科目的明细分类核算。

（3）物资采购特种多栏式明细账

此种账簿的格式是一种特种账簿格式，即在账页的每一横行里登记某一经济业务的始末，支付物资采购货款的记录及材料验收入库的记录都在账页的一个横行里反映，其最显著的特点就是，在账户的一个横行里既登记付款日期又登记收料日期。这种明细账的登记方法称为横线登记法。

各种明细分类账的登记方法，应根据经济业务的繁简和经营管理的实际需要而定，可以直接根据原始凭证、记账凭证或原始凭证汇总表逐笔登记，也可以根据这些凭证逐日或定期汇总登记。

四、对账和结账

1.对账

为保证各种账簿记录的完整性和正确性，如实反映和控制经济活动情况，为编制财务报表提供真实可靠的数据资料，必须定期或不定期地对会计账簿记录进行核对，做到账证相符、账账相符和账实相符。对账的内容主要有：

（1）账证核对。账证核对是指将各种账簿记录与有关的记账凭证和原始凭证进行核对，以保证账证相符，一般采取抽查核对的办法。

（2）账账核对。账账核对是指各种账簿之间有关数字的核对，以保证账账相符，一般采取编制总分类账户本期发生额、余额试算平衡表和总分类账户与所属明细分类账户对照表的办法。具体核对内容主要包括：①总分类账中各账户本期借方发生额合计数与贷方发生额合计数应核对相符，借方期末余额合计数与贷方期末余额合计数核对相符。②总分类账中有关账户的发生额和余额与其所属各明细分类账户的发生额之和及余额之和应分别核对相符。③库存现金日记账和银行存款日记账的发生额和余额与总分类账中各该账户的发生额和余额核对相符。④会计部门各种财产物资明细分类账的发生额和余额与财产物资保管部门或使用部门的有关财产物资保管账的发生额和余额核对相符。

（3）账实核对。账实核对是指各种财产物资、货币资金的账面余额与实有数进行核对，以保证账实相符，一般采取实地盘点的方法。具体核对内容包括：①库存现金日记账的余额与现金实际库存数逐日核对相符。②银行存款日记账的余额应与开户银行存款对账单定期（一般每月核对一次）核对相符。③各种财产物资明细分类账的结存数量与实存数量定期（一般每年至少核对一次）核对相符。④各种债权债务明细分类账的余额应经常或定期与有关的债务人和债权人核对相符。

2.结账

结账就是在会计期间终了时对账簿记录所进行的结算工作，也就是在把一定时期内所发生的经济业务全部登记入账的基础上，将各种账簿的记录结算清楚。结账工作主要包括以下几个方面的内容：

（1）结账前，首先要查明在本会计期间内所发生的经济业务是否已经全部取得凭证，并已记入有关的账簿。

（2）本期内所有的转账业务，应编成记账凭证记入有关账簿，以调整账簿记录。

（3）在本期全部经济业务登记入账的基础上，结出库存现金日记账、银行存款日记账以及总分类账和各明细分类账各账户的本期发生额和余额，并结转至下期（一般年底结账时才做结转下年的工作）。

根据结账时期不同，结账可分为月结、季结和年结三种。

第二部分　实习项目设计

一、实习目的

通过本实习项目的实习，使学生熟悉会计账簿的设置、分类、登记、结账和对账等工作，掌握总分类账簿、明细分类账簿登记，牢记会计核算必须做到账证相符、账账相符、账实相符，保证各种账簿记录的完整性和正确性，使其如实反映和控制经济活动情况，为编制财务报表提供真实可靠的数据资料。

二、实习操作要求

1. 要求学生根据模拟实习单位提供的资料（见本模块实习项目1）开设总分类账簿，根据科目汇总表汇总登记总分类账簿，并进行结账。

2. 要求学生根据模拟实习单位提供的资料（见本模块实习项目1）开设明细分类账簿，根据原始凭证和记账凭证逐笔登记明细分类账簿，并进行结账。

3. 要求学生根据登记的总分类账簿编制总分类账户本期发生额及余额试算平衡表，以检查总分类账簿登记的正确性。

4. 要求学生根据登记的明细分类账簿编制明细分类账户对照表，以检查明细分类账簿登记的正确性。

三、实习资料

模拟实习单位资料见本模块实习项目1设计的万丰市宏伟有限公司的有关资料以及按要求编制的记账凭证。

第三部分　实习用会计账页

万丰市宏伟有限公司

总分类账簿

2022年度

会计账簿启用及监管人员一览表

单位名称			账簿名称	
账簿册数	共　　册	第　　册	账簿编号	
账簿页数		启用日期		
会计主管		记账人员		

交接情况记录：

接交人		移交人		监交人	

会计账簿目录

科目名称	账页页码	科目名称	账页页码	科目名称	账页页码
库存现金	1	预收账款	18	主营业务成本	35
银行存款	2	其他应付款	19	税金及附加	36
其他货币资金	3	应交税费	20	销售费用	37
交易性金融资产	4	应付利息	21	管理费用	38
应收票据	5	长期借款	22	财务费用	39
应收账款	6	长期应付款	23	信用减值损失	40
预付账款	7	坏账准备	24	营业外支出	41
其他应收款	8	累计折旧	25	所得税费用	42
原材料	9	累计摊销	26	递延所得税资产	43
生产成本	10	股本	27	递延所得税负债	44
库存商品	11	资本公积	28	制造费用	45
债权投资	12	盈余公积	29	应付股利	46
固定资产	13	本年利润	30	应收利息	47
无形资产	14	利润分配	31	公允价值变动损益	48
短期借款	15	主营业务收入	32	应付职工薪酬	49
应付票据	16	投资收益	33	总分类账	50-52
应付账款	17	营业外收入	34		

库存现金 总分类账

第1页

年		记账凭证		摘要	对应科目	借方													√	贷方													√	借或贷	余额												
月	日	类别	号数			百	十	亿	千	百	十	万	千	百	十	元	角	分		百	十	亿	千	百	十	万	千	百	十	元	角	分			百	十	亿	千	百	十	万	千	百	十	元	角	分

银行存款 总分类账

第2页

年		记账凭证		摘要	对应科目	借方													√	贷方													√	借或贷	余额												
月	日	类别	号数			百	十	亿	千	百	十	万	千	百	十	元	角	分		百	十	亿	千	百	十	万	千	百	十	元	角	分			百	十	亿	千	百	十	万	千	百	十	元	角	分

其他货币资金 总分类账

第3页

年		记账凭证		摘要	对应科目	借方													√	贷方													√	借或贷	余额												
月	日	类别	号数			百	十	亿	千	百	十	万	千	百	十	元	角	分		百	十	亿	千	百	十	万	千	百	十	元	角	分			百	十	亿	千	百	十	万	千	百	十	元	角	分

交易性金融资产 总分类账

第4页

年		记账凭证		摘要	对应科目	借方													√	贷方													√	借或贷	余额												
月	日	类别	号数			百	十	亿	千	百	十	万	千	百	十	元	角	分		百	十	亿	千	百	十	万	千	百	十	元	角	分			百	十	亿	千	百	十	万	千	百	十	元	角	分

应收票据 总分类账

第5页

年		记账凭证		摘要	对应科目	借方													√	贷方													√	借或贷	余额												
月	日	类别	号数			百	十	亿	千	百	十	万	千	百	十	元	角	分		百	十	亿	千	百	十	万	千	百	十	元	角	分			百	十	亿	千	百	十	万	千	百	十	元	角	分

应收账款 总分类账

第6页

年		记账凭证		摘要	对应科目	借方													√	贷方													√	借或贷	余额												
月	日	类别	号数			百	十	亿	千	百	十	万	千	百	十	元	角	分		百	十	亿	千	百	十	万	千	百	十	元	角	分			百	十	亿	千	百	十	万	千	百	十	元	角	分

预付账款 总分类账

第7页

年		记账凭证		摘要	对应科目	借方													√	贷方													√	借或贷	余额												
月	日	类别	号数			百	十	亿	千	百	十	万	千	百	十	元	角	分		百	十	亿	千	百	十	万	千	百	十	元	角	分			百	十	亿	千	百	十	万	千	百	十	元	角	分

其他应收款 总分类账

第8页

年		记账凭证		摘要	对应科目	借方													√	贷方													√	借或贷	余额												
月	日	类别	号数			百	十	亿	千	百	十	万	千	百	十	元	角	分		百	十	亿	千	百	十	万	千	百	十	元	角	分			百	十	亿	千	百	十	万	千	百	十	元	角	分

原材料总分类账

第9页

年		记账凭证		摘要	对应科目	借方													√	贷方													√	借或贷	余额												
月	日	类别	号数			百	十	亿	千	百	十	万	千	百	十	元	角	分		百	十	亿	千	百	十	万	千	百	十	元	角	分			百	十	亿	千	百	十	万	千	百	十	元	角	分

生产成本总分类账

第10页

年		记账凭证		摘要	对应科目	借方													√	贷方													√	借或贷	余额												
月	日	类别	号数			百	十	亿	千	百	十	万	千	百	十	元	角	分		百	十	亿	千	百	十	万	千	百	十	元	角	分			百	十	亿	千	百	十	万	千	百	十	元	角	分

库存商品 总分类账

第11页

年		记账凭证		摘要	对应科目	借方													√	贷方													√	借或贷	余额												
月	日	类别	号数			百	十	亿	千	百	十	万	千	百	十	元	角	分		百	十	亿	千	百	十	万	千	百	十	元	角	分			百	十	亿	千	百	十	万	千	百	十	元	角	分

债权期投资 总分类账

第12页

年		记账凭证		摘要	对应科目	借方													√	贷方													√	借或贷	余额												
月	日	类别	号数			百	十	亿	千	百	十	万	千	百	十	元	角	分		百	十	亿	千	百	十	万	千	百	十	元	角	分			百	十	亿	千	百	十	万	千	百	十	元	角	分

固定资产 总分类账

第13页

年		记账凭证		摘要	对应科目	借方													√	贷方													√	借或贷	余额												
月	日	类别	号数			百	十	亿	千	百	十	万	千	百	十	元	角	分		百	十	亿	千	百	十	万	千	百	十	元	角	分			百	十	亿	千	百	十	万	千	百	十	元	角	分

无形资产 总分类账

第14页

年		记账凭证		摘要	对应科目	借方													√	贷方													√	借或贷	余额												
月	日	类别	号数			百	十	亿	千	百	一	万	千	百	十	元	角	分		百	十	亿	千	百	十	万	千	百	十	元	角	分			百	十	亿	千	百	十	万	千	百	十	元	角	分

短期借款 总分类账

第15页

年		记账凭证		摘要	对应科目	借方													√	贷方													√	借或贷	余额												
月	日	类别	号数			百	十	亿	千	百	十	万	千	百	十	元	角	分		百	十	亿	千	百	十	万	千	百	十	元	角	分			百	十	亿	千	百	十	万	千	百	十	元	角	分

应付票据 总分类账

第16页

年		记账凭证		摘要	对应科目	借方													√	贷方													√	借或贷	余额												
月	日	类别	号数			百	十	亿	千	百	十	万	千	百	十	元	角	分		百	十	亿	千	百	十	万	千	百	十	元	角	分			百	十	亿	千	百	十	万	千	百	十	元	角	分

应付账款 总分类账

第17页

年		记账凭证		摘要	对应科目	借方													√	贷方													√	借或贷	余额												
月	日	类别	号数			百	十	亿	千	百	十	万	千	百	十	元	角	分		百	十	亿	千	百	十	万	千	百	十	元	角	分			百	十	亿	千	百	十	万	千	百	十	元	角	分

预收账款 总分类账

第18页

年		记账凭证		摘要	对应科目	借方													√	贷方													√	借或贷	余额												
月	日	类别	号数			百	十	亿	千	百	十	万	千	百	十	元	角	分		百	十	亿	千	百	十	万	千	百	十	元	角	分			百	十	亿	千	百	十	万	千	百	十	元	角	分

其他应付款 总分类账

第19页

年		记账凭证		摘要	对应科目	借方													√	贷方													√	借或贷	余额												
月	日	类别	号数			百	十	亿	千	百	十	万	千	百	十	元	角	分		百	十	亿	千	百	十	万	千	百	十	元	角	分			百	十	亿	千	百	十	万	千	百	十	元	角	分

应交税费 总分类账

第20页

年		记账凭证		摘要	对应科目	借方													√	贷方													√	借或贷	余额												
月	日	类别	号数			百	十	亿	千	百	十	万	千	百	十	元	角	分		百	十	亿	千	百	十	万	千	百	十	元	角	分			百	十	亿	千	百	十	万	千	百	十	元	角	分

应付利息 总分类账

第21页

年		记账凭证		摘要	对应科目	借方													√	贷方													√	借或贷	余额												
月	日	类别	号数			百	十	亿	千	百	十	万	千	百	十	元	角	分		百	十	亿	千	百	十	万	千	百	十	元	角	分			百	十	亿	千	百	十	万	千	百	十	元	角	分

长期借款 总分类账

第22页

年		记账凭证		摘要	对应科目	借方													√	贷方													√	借或贷	余额												
月	日	类别	号数			百	十	亿	千	百	十	万	千	百	十	元	角	分		百	十	亿	千	百	十	万	千	百	十	元	角	分			百	十	亿	千	百	十	万	千	百	十	元	角	分

长期应付款 总分类账

第23页

年		记账凭证		摘要	对应科目	借方													√	贷方													√	借或贷	余额												
月	日	类别	号数			百	十	亿	千	百	十	万	千	百	十	元	角	分		百	十	亿	千	百	十	万	千	百	十	元	角	分			百	十	亿	千	百	十	万	千	百	十	元	角	分

坏账准备 总分类账

第24页

年		记账凭证		摘要	对应科目	借方													√	贷方													√	借或贷	余额												
月	日	类别	号数			百	十	亿	千	百	十	万	千	百	十	元	角	分		百	十	亿	千	百	十	万	千	百	十	元	角	分			百	十	亿	千	百	十	万	千	百	十	元	角	分

累计折旧 总分类账

第25页

年		记账凭证		摘要	对应科目	借方													√	贷方													√	借或贷	余额												
月	日	类别	号数			百	十	亿	千	百	十	万	千	百	十	元	角	分		百	十	亿	千	百	十	万	千	百	十	元	角	分			百	十	亿	千	百	十	万	千	百	十	元	角	分

累计摊销 总分类账

第26页

年		记账凭证		摘要	对应科目	借方													√	贷方													√	借或贷	余额												
月	日	类别	号数			百	十	亿	千	百	十	万	千	百	十	元	角	分		百	十	亿	千	百	十	万	千	百	十	元	角	分			百	十	亿	千	百	十	万	千	百	十	元	角	分

股　本　总分类账

第27页

年		记账凭证		摘要	对应科目	借方													√	贷方													√	借或贷	余额												
月	日	类别	号数			百	十	亿	千	百	十	万	千	百	十	元	角	分		百	十	亿	千	百	十	万	千	百	十	元	角	分			百	十	亿	千	百	十	万	千	百	十	元	角	分

资本公积　总分类账

第28页

年		记账凭证		摘要	对应科目	借方													√	贷方													√	借或贷	余额												
月	日	类别	号数			百	十	亿	千	百	十	万	千	百	十	元	角	分		百	十	亿	千	百	十	万	千	百	十	元	角	分			百	十	亿	千	百	十	万	千	百	十	元	角	分

盈余公积 总分类账

第29页

年		记账凭证		摘要	对应科目	借方													√	贷方													√	借或贷	余额												
月	日	类别	号数			百	十	亿	千	百	十	万	千	百	十	元	角	分		百	十	亿	千	百	十	万	千	百	十	元	角	分			百	十	亿	千	百	十	万	千	百	十	元	角	分

本年利润 总分类账

第30页

年		记账凭证		摘要	对应科目	借方													√	贷方													√	借或贷	余额												
月	日	类别	号数			百	十	亿	千	百	十	万	千	百	十	元	角	分		百	十	亿	千	百	十	万	千	百	十	元	角	分			百	十	亿	千	百	十	万	千	百	十	元	角	分

利润分配 总分类账

第31页

年		记账凭证		摘要	对应科目	借方													√	贷方													√	借或贷	余额												
月	日	类别	号数			百	十	亿	千	百	十	万	千	百	十	元	角	分		百	十	亿	千	百	十	万	千	百	十	元	角	分			百	十	亿	千	百	十	万	千	百	十	元	角	分

主营业务收入 总分类账

第32页

年		记账凭证		摘要	对应科目	借方													√	贷方													√	借或贷	余额												
月	日	类别	号数			百	十	亿	千	百	十	万	千	百	十	元	角	分		百	十	亿	千	百	十	万	千	百	十	元	角	分			百	十	亿	千	百	十	万	千	百	十	元	角	分

投资收益 总分类账

第33页

年		记账凭证		摘要	对应科目	借方													√	贷方													√	借或贷	余额												
月	日	类别	号数			百	十	亿	千	百	十	万	千	百	十	元	角	分		百	十	亿	千	百	十	万	千	百	十	元	角	分			百	十	亿	千	百	十	万	千	百	十	元	角	分

营业外收入 总分类账

第34页

年		记账凭证		摘要	对应科目	借方													√	贷方													√	借或贷	余额												
月	日	类别	号数			百	十	亿	千	百	十	万	千	百	十	元	角	分		百	十	亿	千	百	十	万	千	百	十	元	角	分			百	十	亿	千	百	十	万	千	百	十	元	角	分

主营业务成本 总分类账

第35页

年		记账凭证		摘要	对应科目	借方													√	贷方													√	借或贷	余额												
月	日	类别	号数			百	十	亿	千	百	十	万	千	百	十	元	角	分		百	十	亿	千	百	十	万	千	百	十	元	角	分			百	十	亿	千	百	十	万	千	百	十	元	角	分

税金及附加 总分类账

第36页

年		记账凭证		摘要	对应科目	借方													√	贷方													√	借或贷	余额												
月	日	类别	号数			百	十	亿	千	百	十	万	千	百	十	元	角	分		百	十	亿	千	百	十	万	千	百	十	元	角	分			百	十	亿	千	百	十	万	千	百	十	元	角	分

销售费用 总分类账

第37页

年		记账凭证		摘要	对应科目	借方													√	贷方													√	借或贷	余额												
月	日	类别	号数			百	十	亿	千	百	十	万	千	百	十	元	角	分		百	十	亿	千	百	十	万	千	百	十	元	角	分			百	十	亿	千	百	十	万	千	百	十	元	角	分

管理费用 总分类账

第38页

年		记账凭证		摘要	对应科目	借方													√	贷方													√	借或贷	余额												
月	日	类别	号数			百	十	亿	千	百	十	万	千	百	十	元	角	分		百	十	亿	千	百	十	万	千	百	十	元	角	分			百	十	亿	千	百	十	万	千	百	十	元	角	分

财务费用 总分类账

第39页

年		记账凭证		摘要	对应科目	借方													√	贷方													√	借或贷	余额												
月	日	类别	号数			百	十	亿	千	百	十	万	千	百	十	元	角	分		百	十	亿	千	百	十	万	千	百	十	元	角	分			百	十	亿	千	百	十	万	千	百	十	元	角	分

信用减值损失 总分类账

第40页

年		记账凭证		摘要	对应科目	借方													√	贷方													√	借或贷	余额												
月	日	类别	号数			百	十	亿	千	百	十	万	千	百	十	元	角	分		百	十	亿	千	百	十	万	千	百	十	元	角	分			百	十	亿	千	百	十	万	千	百	十	元	角	分

营业外支出 总分类账

第41页

年		记账凭证		摘要	对应科目	借方													√	贷方													√	借或贷	余额												
月	日	类别	号数			百	十	亿	千	百	十	万	千	百	十	元	角	分		百	十	亿	千	百	十	万	千	百	十	元	角	分			百	十	亿	千	百	十	万	千	百	十	元	角	分

所得税费用 总分类账

第42页

年		记账凭证		摘要	对应科目	借方													√	贷方													√	借或贷	余额												
月	日	类别	号数			百	十	亿	千	百	十	万	千	百	十	元	角	分		百	十	亿	千	百	十	万	千	百	十	元	角	分			百	十	亿	千	百	十	万	千	百	十	元	角	分

递延所得税资产 总分类账

第43页

年		记账凭证		摘要	对应科目	借方													√	贷方													√	借或贷	余额												
月	日	类别	号数			百	十	亿	千	百	十	万	千	百	十	元	角	分		百	十	亿	千	百	十	万	千	百	十	元	角	分			百	十	亿	千	百	十	万	千	百	十	元	角	分

递延所得税负债 总分类账

第44页

年		记账凭证		摘要	对应科目	借方													√	贷方													√	借或贷	余额												
月	日	类别	号数			百	十	亿	千	百	十	万	千	百	十	元	角	分		百	十	亿	千	百	十	万	千	百	十	元	角	分			百	十	亿	千	百	十	万	千	百	十	元	角	分

制造费用 总分类账

第45页

年		记账凭证		摘要	对应科目	借方													√	贷方													√	借或贷	余额												
月	日	类别	号数			百	十	亿	千	百	十	万	千	百	十	元	角	分		百	十	亿	千	百	十	万	千	百	十	元	角	分			百	十	亿	千	百	十	万	千	百	十	元	角	分

应付股利 总分类账

第46页

年		记账凭证		摘要	对应科目	借方													√	贷方													√	借或贷	余额												
月	日	类别	号数			百	十	亿	千	百	十	万	千	百	十	元	角	分		百	十	亿	千	百	十	万	千	百	十	元	角	分			百	十	亿	千	百	十	万	千	百	十	元	角	分

应收利息 总分类账

第47页

年		记账凭证		摘要	对应科目	借方													√	贷方													√	借或贷	余额												
月	日	类别	号数			百	十	亿	千	百	十	万	千	百	十	元	角	分		百	十	亿	千	百	十	万	千	百	十	元	角	分			百	十	亿	千	百	十	万	千	百	十	元	角	分

公允价值变动损益 总分类账

第48页

年		记账凭证		摘要	对应科目	借方													√	贷方													√	借或贷	余额												
月	日	类别	号数			百	十	亿	千	百	十	万	千	百	十	元	角	分		百	十	亿	千	百	十	万	千	百	十	元	角	分			百	十	亿	千	百	十	万	千	百	十	元	角	分

应付职工薪酬 总分类账

第49页

年		记账凭证		摘要	对应科目	借方													√	贷方													√	借或贷	余额												
月	日	类别	号数			百	十	亿	千	百	十	万	千	百	十	元	角	分		百	十	亿	千	百	十	万	千	百	十	元	角	分			百	十	亿	千	百	十	万	千	百	十	元	角	分

总分类账

第50页

年		记账凭证		摘要	对应科目	借方													√	贷方													√	借或贷	余额												
月	日	类别	号数			百	十	亿	千	百	十	万	千	百	十	元	角	分		百	十	亿	千	百	十	万	千	百	十	元	角	分			百	十	亿	千	百	十	万	千	百	十	元	角	分

总分类账

第51页

年		记账凭证		摘要	对应科目	借方													√	贷方													√	借或贷	余额												
月	日	类别	号数			百	十	亿	千	百	十	万	千	百	十	元	角	分		百	十	亿	千	百	十	万	千	百	十	元	角	分			百	十	亿	千	百	十	万	千	百	十	元	角	分

总分类账

第52页

年		记账凭证		摘要	对应科目	借方													√	贷方													√	借或贷	余额												
月	日	类别	号数			百	十	亿	千	百	十	万	千	百	十	元	角	分		百	十	亿	千	百	十	万	千	百	十	元	角	分			百	十	亿	千	百	十	万	千	百	十	元	角	分

万丰市宏伟有限公司总分类账发生额及余额试算平衡表

2022年12月31日

科　目	期初余额		本期发生额		期末余额	
	借　方	贷　方	借　方	贷　方	借　方	贷　方
库存现金						
银行存款						
其他货币资金						
交易性金融资产						
应收票据						
应收账款						
预付账款						
其他应收款						
原材料						
生产成本						
库存商品						
债权投资						
固定资产						
无形资产						
短期借款						
应付票据						
应付账款						
预收账款						
其他应付款						
应交税费						
应付利息						
长期借款						
长期应付款						
坏账准备						

续表

科　目	期初余额		本期发生额		期末余额	
	借　方	贷　方	借　方	贷　方	借　方	贷　方
累计折旧						
累计摊销						
股本						
资本公积						
盈余公积						
本年利润						
利润分配						
主营业务收入						
投资收益						
营业外收入						
主营业务成本						
税金及附加						
销售费用						
管理费用						
财务管理						
信用减值损失						
营业外支出						
所得税费用						
递延所得税资产						
递延所得税负债						
制造费用						
应付股利						
应收利息						
公允价值变动损益						
应付职工薪酬						
合　计						

万丰市宏伟有限公司

明细分类账簿

2022年度

会计账簿启用及监管人员一览表

<table>
<tr><td>单位名称</td><td colspan="2"></td><td>账簿名称</td><td></td></tr>
<tr><td>账簿册数</td><td colspan="2">共　　册　第　　册</td><td>账簿编号</td><td></td></tr>
<tr><td>账簿页数</td><td></td><td>启用日期</td><td colspan="2"></td></tr>
<tr><td>会计主管</td><td></td><td>记账人员</td><td colspan="2"></td></tr>
<tr><td colspan="5">交接情况记录：</td></tr>
</table>

接交人		移交人		监交人	

会计账簿目录

科目名称	账页页码	科目名称	账页页码	科目名称	账页页码
其他货币资金	1	长期应付款	36	财务费用	71
应收票据	4	坏账准备	37	信用减值损失	72
应收账款	6	股本	38	所得税费用	73
预付账款	8	资本公积	41	管理费用	74
其他应收款	9	利润分配	43	销售费用	75
债权投资	11	盈余公积	47	制造费用	76
固定资产	12	本年利润	49	营业外支出	77
无形资产	15	递延所得税资产	50	营业外收入	78
短期借款	19	递延所得税负债	51	生产成本	79
应付票据	20	应付职工薪酬	52	原材料	81
应付账款	21	应收利息	56	库存商品	83
预收账款	24	应付股利	57	交易性金融资产	85
其他应付款	25	累计折旧	60		
应交税费	27	累计摊销	63		
应付利息	33	主营业务收入	67		
长期借款	35	主营业务成本	68		
		税金及附加	69		
		投资收益	70		

其他货币资金 明细分类账

第1页

二级明细科目：外埠存款　三级明细科目：

分第1页

年		凭证		摘要	对应科目	借方													核对号	贷方													核对号	借或贷	余额												
月	日	字	号			百	十	亿	千	百	十	万	千	百	十	元	角	分		百	十	亿	千	百	十	万	千	百	十	元	角	分			百	十	亿	千	百	十	万	千	百	十	元	角	分

其他货币资金 明细分类账

二级明细科目：存出投资款 三级明细科目：

年		凭证		摘要	对应科目	借方													核对号	贷方													核对号	借或贷	余额												
月	日	字	号			百	十	亿	千	百	十	万	千	百	十	元	角	分		百	十	亿	千	百	十	万	千	百	十	元	角	分			百	十	亿	千	百	十	万	千	百	十	元	角	分

其他货币资金 明细分类账

第3页

二级明细科目：银行汇票存款　三级明细科目：

分第3页

年		凭证		摘要	对应科目	借方													核对号	贷方													核对号	借或贷	余额												
月	日	字	号			百	十	亿	千	百	十	万	千	百	十	元	角	分		百	十	亿	千	百	十	万	千	百	十	元	角	分			百	十	亿	千	百	十	万	千	百	十	元	角	分

应收票据 明细分类账

二级明细科目：万丰市农机公司 三级明细科目：________ 分第1页

年		凭证		摘要	对应科目	借方													核对号	贷方													核对号	借或贷	余额												
月	日	字	号			百	十	亿	千	百	十	万	千	百	十	元	角	分		百	十	亿	千	百	十	万	千	百	十	元	角	分			百	十	亿	千	百	十	万	千	百	十	元	角	分

应收票据 明细分类账

第5页

二级明细科目：义力市兴农公司 三级明细科目：

分第2页

年		凭证		摘要	对应科目	借方													核对号	贷方													核对号	借或贷	余额												
月	日	字	号			百	十	亿	千	百	十	万	千	百	十	元	角	分		百	十	亿	千	百	十	万	千	百	十	元	角	分			百	十	亿	千	百	十	万	千	百	十	元	角	分

应收账款 明细分类账

二级明细科目：南宁农机公司　三级明细科目：

年		凭证		摘要	对应科目	借方													核对号	贷方													核对号	借或贷	余额												
月	日	字	号			百	十	亿	千	百	十	万	千	百	十	元	角	分		百	十	亿	千	百	十	万	千	百	十	元	角	分			百	十	亿	千	百	十	万	千	百	十	元	角	分

应收账款 明细分类账

二级明细科目：万丰市农机公司　三级明细科目：

年		凭证		摘要	对应科目	借方													核对号	贷方													核对号	借或贷	余额												
月	日	字	号			百	十	亿	千	百	十	万	千	百	十	元	角	分		百	十	亿	千	百	十	万	千	百	十	元	角	分			百	十	亿	千	百	十	万	千	百	十	元	角	分

预付账款 明细分类账

二级明细科目：重庆钢铁集团有限公司　三级明细科目：

分第1页

年		凭证		摘要	对应科目	借方													核对号	贷方													核对号	借或贷	余额												
月	日	字	号			百	十	亿	千	百	十	万	千	百	十	元	角	分		百	十	亿	千	百	十	万	千	百	十	元	角	分			百	十	亿	千	百	十	万	千	百	十	元	角	分

其他应收款 明细分类账

第9页

二级明细科目：刘　兴　三级明细科目：

分第1页

年		凭证		摘　要	对应科目	借　方													核对号	贷　方													核对号	借或贷	余　额												
月	日	字	号			百	十	亿	千	百	十	万	千	百	十	元	角	分		百	十	亿	千	百	十	万	千	百	十	元	角	分			百	十	亿	千	百	十	万	千	百	十	元	角	分

其他应收款 明细分类账

第10页

二级明细科目：王　新　三级明细科目：

分第2页

年		凭证		摘要	对应科目	借方													核对号	贷方													核对号	借或贷	余额												
月	日	字	号			百	十	亿	千	百	十	万	千	百	十	元	角	分		百	十	亿	千	百	十	万	千	百	十	元	角	分			百	十	亿	千	百	十	万	千	百	十	元	角	分

债权投资 明细分类账

第11页

二级明细科目：国库券 三级明细科目：

分第1页

年		凭证		摘要	对应科目	借方													核对号	贷方													核对号	借或贷	余额												
月	日	字	号			百	十	亿	千	百	十	万	千	百	十	元	角	分		百	十	亿	千	百	十	万	千	百	十	元	角	分			百	十	亿	千	百	十	万	千	百	十	元	角	分

固定资产 明细分类账

第12页

二级明细科目：建筑物　三级明细科目：

分第1页

年		凭证		摘要	对应科目	借方													核对号	贷方													核对号	借或贷	余额												
月	日	字	号			百	十	亿	千	百	十	万	千	百	十	元	角	分		百	十	亿	千	百	十	万	千	百	十	元	角	分			百	十	亿	千	百	十	万	千	百	十	元	角	分

固定资产 明细分类账

第13页

二级明细科目：机器设备　三级明细科目：

分第2页

年		凭证		摘要	对应科目	借方													核对号	贷方													核对号	借或贷	余额												
月	日	字	号			百	十	亿	千	百	十	万	千	百	十	元	角	分		百	十	亿	千	百	十	万	千	百	十	元	角	分			百	十	亿	千	百	十	万	千	百	十	元	角	分

固定资产　明细分类账

第14页

二级明细科目：办公设备　三级明细科目：

分第3页

年		凭证		摘要	对应科目	借方													核对号	贷方													核对号	借或贷	余额												
月	日	字	号			百	十	亿	千	百	十	万	千	百	十	元	角	分		百	十	亿	千	百	十	万	千	百	十	元	角	分			百	十	亿	千	百	十	万	千	百	十	元	角	分

无形资产 明细分类账

第15页

二级明细科目：专利A 三级明细科目：

分第1页

年		凭证		摘要	对应科目	借方													核对号	贷方													核对号	借或贷	余额												
月	日	字	号			百	十	亿	千	百	十	万	千	百	十	元	角	分		百	十	亿	千	百	十	万	千	百	十	元	角	分			百	十	亿	千	百	十	万	千	百	十	元	角	分

无形资产 明细分类账

第16页

二级明细科目：专利B 三级明细科目：

分第2页

年		凭证		摘要	对应科目	借方												核对号	贷方												核对号	借或贷	余额											
月	日	字	号			百	十	亿	千	百	十	万	千	百	十	元	角	分		百	十	亿	千	百	十	万	千	百	十	元	角	分			百	十	亿	千	百	十	万	千	百	十	元	角	分

无形资产 明细分类账

第17页

二级明细科目：非专利技术 三级明细科目：

分第3页

年		凭证		摘要	对应科目	借方													核对号	贷方													核对号	借或贷	余额												
月	日	字	号			百	十	亿	千	百	十	万	千	百	十	元	角	分		百	十	亿	千	百	十	万	千	百	十	元	角	分			百	十	亿	千	百	十	万	千	百	十	元	角	分

无形资产 明细分类账

二级明细科目：土地使用权 三级明细科目：

年		凭证		摘要	对应科目	借方													核对号	贷方													核对号	借或贷	余额												
月	日	字	号			百	十	亿	千	百	十	万	千	百	十	元	角	分		百	十	亿	千	百	十	万	千	百	十	元	角	分			百	十	亿	千	百	十	万	千	百	十	元	角	分

短期借款 明细分类账

第19页

二级明细科目：工商银行 三级明细科目：

分第1页

年		凭证		摘要	对应科目	借方													核对号	贷方													核对号	借或贷	余额												
月	日	字	号			百	十	亿	千	百	十	万	千	百	十	元	角	分		百	十	亿	千	百	十	万	千	百	十	元	角	分			百	十	亿	千	百	十	万	千	百	十	元	角	分

应付票据明细分类账

第20页

二级明细科目：武汉钢厂 三级明细科目：

分第1页

年		凭证		摘要	对应科目	借方													核对号	贷方													核对号	借或贷	余额												
月	日	字	号			百	十	亿	千	百	十	万	千	百	十	元	角	分		百	十	亿	千	百	十	万	千	百	十	元	角	分			百	十	亿	千	百	十	万	千	百	十	元	角	分

应付账款 明细分类账

第21页

二级明细科目：宝安钢铁集团公司 三级明细科目：

分第1页

年		凭证		摘要	对应科目	借方													核对号	贷方													核对号	借或贷	余额												
月	日	字	号			百	十	亿	千	百	十	万	千	百	十	元	角	分		百	十	亿	千	百	十	万	千	百	十	元	角	分			百	十	亿	千	百	十	万	千	百	十	元	角	分

应付账款 明细分类账

二级明细科目：万丰市自来水公司　三级明细科目：

年		凭证		摘要	对应科目	借方													核对号	贷方													核对号	借或贷	余额												
月	日	字	号			百	十	亿	千	百	十	万	千	百	十	元	角	分		百	十	亿	千	百	十	万	千	百	十	元	角	分			百	十	亿	千	百	十	万	千	百	十	元	角	分

应付账款 明细分类账

第23页

二级明细科目：万丰市市南供电局 三级明细科目：

分第3页

年		凭证		摘要	对应科目	借方													核对号	贷方													核对号	借或贷	余额												
月	日	字	号			百	十	亿	千	百	十	万	千	百	十	元	角	分		百	十	亿	千	百	十	万	千	百	十	元	角	分			百	十	亿	千	百	十	万	千	百	十	元	角	分

预收账款 明细分类账

二级明细科目：安顺农机公司　三级明细科目：

分第1页

年		凭证		摘要	对应科目	借方													核对号	贷方													核对号	借或贷	余额												
月	日	字	号			百	十	亿	千	百	十	万	千	百	十	元	角	分		百	十	亿	千	百	十	万	千	百	十	元	角	分			百	十	亿	千	百	十	万	千	百	十	元	角	分

其他应付款 明细分类账

第25页

二级明细科目：保证金　三级明细科目：

分第1页

年		凭证		摘要	对应科目	借方													核对号	贷方													核对号	借或贷	余额												
月	日	字	号			百	十	亿	千	百	十	万	千	百	十	元	角	分		百	十	亿	千	百	十	万	千	百	十	元	角	分			百	十	亿	千	百	十	万	千	百	十	元	角	分

其他应付款 明细分类账

二级明细科目：万丰市公积金管理中心 三级明细科目：

年		凭证		摘要	对应科目	借方													核对号	贷方													核对号	借或贷	余额												
月	日	字	号			百	十	亿	千	百	十	万	千	百	十	元	角	分		百	十	亿	千	百	十	万	千	百	十	元	角	分			百	十	亿	千	百	十	万	千	百	十	元	角	分

应交税费 明细分类账

第27页

二级明细科目：未交增值税 三级明细科目：

分第1页

年		凭证		摘要	对应科目	借方													核对号	贷方													核对号	借或贷	余额												
月	日	字	号			百	十	亿	千	百	十	万	千	百	十	元	角	分		百	十	亿	千	百	十	万	千	百	十	元	角	分			百	十	亿	千	百	十	万	千	百	十	元	角	分

应交税费 明细分类账

第28页

二级明细科目：应交城建税 三级明细科目：

分第2页

年		凭证		摘要	对应科目	借方													核对号	贷方													核对号	借或贷	余额												
月	日	字	号			百	十	亿	千	百	十	万	千	百	十	元	角	分		百	十	亿	千	百	十	万	千	百	十	元	角	分			百	十	亿	千	百	十	万	千	百	十	元	角	分

应交税费 明细分类账

二级明细科目：应交教育费附加　三级明细科目：

年		凭证		摘要	对应科目	借方													核对号	贷方													核对号	借或贷	余额												
月	日	字	号			百	十	亿	千	百	十	万	千	百	十	元	角	分		百	十	亿	千	百	十	万	千	百	十	元	角	分			百	十	亿	千	百	十	万	千	百	十	元	角	分

应交税费 明细分类账

第30页

二级明细科目：应交个人所得税 三级明细科目：

分第4页

年		凭证		摘要	对应科目	借方													核对号	贷方													核对号	借或贷	余额												
月	日	字	号			百	十	亿	千	百	十	万	千	百	十	元	角	分		百	十	亿	千	百	十	万	千	百	十	元	角	分			百	十	亿	千	百	十	万	千	百	十	元	角	分

应交税费 明细分类账

第31页

二级明细科目：应交所得税 三级明细科目：

分第5页

年		凭证		摘要	对应科目	借方													核对号	贷方													核对号	借或贷	余额												
月	日	字	号			百	十	亿	千	百	十	万	千	百	十	元	角	分		百	十	亿	千	百	十	万	千	百	十	元	角	分			百	十	亿	千	百	十	万	千	百	十	元	角	分

应交税费 明细分类账

第32页

二级明细科目：应交增值税　三级明细科目：

分第6页

年		凭证		摘要	借方				贷方				借或贷	余额
月	日	字	号		进项税额	已交税金	转出未交税金	合计	销项税额	进项税额转出	转出多交税金	合计		

应付利息 明细分类账

第33页

二级明细科目：长期借款 三级明细科目：

分第1页

年		凭证		摘要	对应科目	借方													核对号	贷方													核对号	借或贷	余额												
月	日	字	号			百	十	亿	千	百	十	万	千	百	十	元	角	分		百	十	亿	千	百	十	万	千	百	十	元	角	分			百	十	亿	千	百	十	万	千	百	十	元	角	分

应付利息 明细分类账

第34页

二级明细科目：短期借款 三级明细科目：

分第2页

年		凭证		摘要	对应科目	借方												核对号	贷方												核对号	借或贷	余额											
月	日	字	号			百	十	亿	千	百	十	万	千	百	十	元	角	分		百	十	亿	千	百	十	万	千	百	十	元	角	分			百	十	亿	千	百	十	万	千	百	十	元	角	分

长期借款明细分类账

第35页

二级明细科目：工商银行　三级明细科目：

分第1页

年		凭证		摘要	对应科目	借方													核对号	贷方													核对号	借或贷	余额												
月	日	字	号			百	十	亿	千	百	十	万	千	百	十	元	角	分		百	十	亿	千	百	十	万	千	百	十	元	角	分			百	十	亿	千	百	十	万	千	百	十	元	角	分

长期应付款 明细分类账

第36页

二级明细科目：上海机床厂 三级明细科目：

分第1页

年		凭证		摘要	对应科目	借方													核对号	贷方													核对号	借或贷	余额												
月	日	字	号			百	十	亿	千	百	十	万	千	百	十	元	角	分		百	十	亿	千	百	十	万	千	百	十	元	角	分			百	十	亿	千	百	十	万	千	百	十	元	角	分

坏账准备 明细分类账

二级明细科目：应收账款　三级明细科目：

年		凭证		摘要	对应科目	借方													核对号	贷方													核对号	借或贷	余额												
月	日	字	号			百	十	亿	千	百	十	万	千	百	十	元	角	分		百	十	亿	千	百	十	万	千	百	十	元	角	分			百	十	亿	千	百	十	万	千	百	十	元	角	分

股 本 明细分类账

第38页

二级明细科目：万丰市国有控股公司 三级明细科目：

分第1页

年		凭证		摘要	对应科目	借方													核对号	贷方													核对号	借或贷	余额												
月	日	字	号			百	十	亿	千	百	十	万	千	百	十	元	角	分		百	十	亿	千	百	十	万	千	百	十	元	角	分			百	十	亿	千	百	十	万	千	百	十	元	角	分

股　　本明细分类账

第39页

二级明细科目：李　斌　三级明细科目：

分第2页

年		凭证		摘要	对应科目	借方													核对号	贷方													核对号	借或贷	余额												
月	日	字	号			百	十	亿	千	百	十	万	千	百	十	元	角	分		百	十	亿	千	百	十	万	千	百	十	元	角	分			百	十	亿	千	百	十	万	千	百	十	元	角	分

股　　本明细分类账

二级明细科目：王　维　三级明细科目：

分第3页

年		凭证		摘要	对应科目	借方													核对号	贷方													核对号	借或贷	余额												
月	日	字	号			百	十	亿	千	百	十	万	千	百	十	元	角	分		百	十	亿	千	百	十	万	千	百	十	元	角	分			百	十	亿	千	百	十	万	千	百	十	元	角	分

资本公积 明细分类账

二级明细科目：股本溢价　三级明细科目：

年		凭证		摘要	对应科目	借方												核对号	贷方												核对号	借或贷	余额											
月	日	字	号			百	十	亿	千	百	十	万	千	百	十	元	角	分		百	十	亿	千	百	十	万	千	百	十	元	角	分			百	十	亿	千	百	十	万	千	百	十	元	角	分

资本公积 明细分类账

第42页

二级明细科目：其他资本公积　三级明细科目：

分第2页

年		凭证		摘要	对应科目	借方													核对号	贷方													核对号	借或贷	余额												
月	日	字	号			百	十	亿	千	百	十	万	千	百	十	元	角	分		百	十	亿	千	百	十	万	千	百	十	元	角	分			百	十	亿	千	百	十	万	千	百	十	元	角	分

利润分配 明细分类账

第43页

二级明细科目：未分配利润　三级明细科目：

分第1页

年		凭证		摘要	对应科目	借方													核对号	贷方													核对号	借或贷	余额												
月	日	字	号			百	十	亿	千	百	十	万	千	百	十	元	角	分		百	十	亿	千	百	十	万	千	百	十	元	角	分			百	十	亿	千	百	十	万	千	百	十	元	角	分

利润分配 明细分类账

二级明细科目：提取法定盈余公积　三级明细科目：

年		凭证		摘要	对应科目	借方													核对号	贷方													核对号	借或贷	余额												
月	日	字	号			百	十	亿	千	百	十	万	千	百	十	元	角	分		百	十	亿	千	百	十	万	千	百	十	元	角	分			百	十	亿	千	百	十	万	千	百	十	元	角	分

利润分配 明细分类账

第45页

二级明细科目：提取任意盈余公积　三级明细科目：

分第3页

年		凭证		摘要	对应科目	借方													核对号	贷方													核对号	借或贷	余额												
月	日	字	号			百	十	亿	千	百	十	万	千	百	十	元	角	分		百	十	亿	千	百	十	万	千	百	十	元	角	分			百	十	亿	千	百	十	万	千	百	十	元	角	分

利润分配　明细分类账

第46页

二级明细科目：应付股利　三级明细科目：

分第4页

年		凭证		摘要	对应科目	借方													核对号	贷方													核对号	借或贷	余额												
月	日	字	号			百	十	亿	千	百	十	万	千	百	十	元	角	分		百	十	亿	千	百	十	万	千	百	十	元	角	分			百	十	亿	千	百	十	万	千	百	十	元	角	分

盈余公积 明细分类账

第47页

二级明细科目：法定盈余公积　三级明细科目：

分第1页

年		凭证		摘要	对应科目	借方													核对号	贷方													核对号	借或贷	余额												
月	日	字	号			百	十	亿	千	百	十	万	二	百	十	元	角	分		百	十	亿	千	百	一	万	千	百	十	元	角	分			百	十	亿	千	百	十	万	千	百	十	元	角	分

盈余公积 明细分类账

第48页

二级明细科目：任意盈余公积 三级明细科目：

分第2页

年		凭证		摘要	对应科目	借方													核对号	贷方													核对号	借或贷	余额												
月	日	字	号			百	十	亿	千	百	十	万	千	百	十	元	角	分		百	十	亿	千	百	十	万	千	百	十	元	角	分			百	十	亿	千	百	十	万	千	百	十	元	角	分

本年利润 明细分类账

二级明细科目：________ 三级明细科目：________

年		凭证		摘　要	借　方			贷　方			借或贷	余额
月	日	字	号		费用	转出净利润	合　计	收入	转出亏损	合　计		

递延所得税资产 明细分类账

二级明细科目：________ 三级明细科目：________

分第1页

年		凭证		摘要	对应科目	借方													核对号	贷方													核对号	借或贷	余额												
月	日	字	号			百	十	亿	千	百	十	万	千	百	十	元	角	分		百	十	亿	千	百	十	万	千	百	十	元	角	分			百	十	亿	千	百	十	万	千	百	十	元	角	分

递延所得税负债 明细分类账

第51页

二级明细科目：　　　　三级明细科目：

分第1页

年		凭证		摘要	对应科目	借方													核对号	贷方													核对号	借或贷	余额												
月	日	字	号			百	十	亿	千	百	十	万	千	百	十	元	角	分		百	十	亿	千	百	十	万	千	百	十	元	角	分			百	十	亿	千	百	十	万	千	百	十	元	角	分

应付职工薪酬 明细分类账

第52页

二级明细科目：工资 三级明细科目：

分第1页

年		凭证		摘要	对应科目	借方													核对号	贷方													核对号	借或贷	余额												
月	日	字	号			百	十	亿	千	百	十	万	千	百	十	元	角	分		百	十	亿	千	百	十	万	千	百	十	元	角	分			百	十	亿	千	百	十	万	千	百	十	元	角	分

应付职工薪酬 明细分类账

第53页

二级明细科目：工会经费　三级明细科目：

分第2页

年		凭证		摘要	对应科目	借方												核对号	贷方												核对号	借或贷	余额											
月	日	字	号			百	十	亿	千	百	十	万	千	百	十	元	角	分		百	十	亿	千	百	十	万	千	百	十	元	角	分			百	十	亿	千	百	十	万	千	百	十	元	角	分

应付职工薪酬 明细分类账

第54页

二级明细科目：保险金 三级明细科目：

分第3页

年		凭证		摘要	对应科目	借方													核对号	贷方													核对号	借或贷	余额												
月	日	字	号			百	十	亿	千	百	十	万	千	百	十	元	角	分		百	十	亿	千	百	十	万	千	百	十	元	角	分			百	十	亿	千	百	十	万	千	百	十	元	角	分

应付职工薪酬 明细分类账

二级明细科目：住房公积金　三级明细科目：

年		凭证		摘要	对应科目	借方													核对号	贷方													核对号	借或贷	余额												
月	日	字	号			百	十	亿	千	百	十	万	千	百	十	元	角	分		百	十	亿	千	百	十	万	千	百	十	元	角	分			百	十	亿	千	百	十	万	千	百	十	元	角	分

应收利息 明细分类账

二级明细科目：国库券　三级明细科目：

年		凭证		摘要	对应科目	借方													核对号	贷方													核对号	借或贷	余额												
月	日	字	号			百	十	亿	千	百	十	万	千	百	十	元	角	分		百	十	亿	千	百	十	万	千	百	十	元	角	分			百	十	亿	千	百	十	万	千	百	十	元	角	分

应付股利明细分类账

第57页

二级明细科目：万丰市国有控股公司　三级明细科目：

分第1页

年		凭证		摘要	对应科目	借方													核对号	贷方													核对号	借或贷	余额												
月	日	字	号			百	十	亿	千	百	十	万	千	百	十	元	角	分		百	十	亿	千	百	十	万	千	百	十	元	角	分			百	十	亿	千	百	十	万	千	百	十	元	角	分

应付股利 明细分类账

第58页

二级明细科目：李 斌 三级明细科目：

分第2页

年		凭证		摘要	对应科目	借方													核对号	贷方													核对号	借或贷	余额												
月	日	字	号			百	十	亿	千	百	十	万	千	百	十	元	角	分		百	十	亿	千	百	十	万	千	百	十	元	角	分			百	十	亿	千	百	十	万	千	百	十	元	角	分

应付股利 明细分类账

二级明细科目：王 维 三级明细科目：

年		凭证		摘要	对应科目	借方												核对号	贷方												核对号	借或贷	余额											
月	日	字	号			百	十	亿	千	百	十	万	千	百	十	元	角	分		百	十	亿	千	百	十	万	千	百	十	元	角	分			百	十	亿	千	百	十	万	千	百	十	元	角	分

累计折旧 明细分类账

第60页

二级明细科目：建筑物　三级明细科目：

分第1页

年		凭证		摘要	对应科目	借方													核对号	贷方													核对号	借或贷	余额												
月	日	字	号			百	十	亿	千	百	十	万	千	百	十	元	角	分		百	十	亿	千	百	十	万	千	百	十	元	角	分			百	十	亿	千	百	十	万	千	百	十	元	角	分

累计折旧 明细分类账

二级明细科目：机器设备 三级明细科目：

年		凭证		摘要	对应科目	借方													核对号	贷方													核对号	借或贷	余额												
月	日	字	号			百	十	亿	千	百	十	万	千	百	十	元	角	分		百	十	亿	千	百	十	万	千	百	十	元	角	分			百	十	亿	千	百	十	万	千	百	十	元	角	分

累计折旧 明细分类账

第62页

二级明细科目：办公设备 三级明细科目：

分第3页

年		凭证		摘要	对应科目	借方													核对号	贷方													核对号	借或贷	余额												
月	日	字	号			百	十	亿	千	百	十	万	千	百	十	元	角	分		百	十	亿	千	百	十	万	千	百	十	元	角	分			百	十	亿	千	百	十	万	千	百	十	元	角	分

累计摊销 明细分类账

二级明细科目：土地使用权　三级明细科目：

年		凭证		摘要	对应科目	借方													核对号	贷方													核对号	借或贷	余额												
月	日	字	号			百	十	亿	千	百	十	万	千	百	十	元	角	分		百	十	亿	千	百	十	万	千	百	十	元	角	分			百	十	亿	千	百	十	万	千	百	十	元	角	分

累计摊销 明细分类账

二级明细科目：专利A 三级明细科目：

年		凭证		摘要	对应科目	借方													核对号	贷方													核对号	借或贷	余额												
月	日	字	号			百	十	亿	千	百	十	万	千	百	十	元	角	分		百	十	亿	千	百	十	万	千	百	十	元	角	分			百	十	亿	千	百	十	万	千	百	十	元	角	分

累计推销 明细分类账

二级明细科目：专利B 三级明细科目：

年		凭证		摘要	对应科目	借方													核对号	贷方													核对号	借或贷	余额												
月	日	字	号			百	十	亿	千	百	十	万	千	百	十	元	角	分		百	十	亿	千	百	十	万	千	百	十	元	角	分			百	十	亿	千	百	十	万	千	百	十	元	角	分

累计摊销 明细分类账

第66页

二级明细科目：非专利技术 三级明细科目：

分第4页

年		凭证		摘要	对应科目	借方													核对号	贷方													核对号	借或贷	余额												
月	日	字	号			百	十	亿	千	百	十	万	千	百	十	元	角	分		百	十	亿	千	百	十	万	千	百	十	元	角	分			百	十	亿	千	百	十	万	千	百	十	元	角	分

主营业务收入 明细分类账

第67页

二级明细科目：______ 三级明细科目：______ 分第1页

年		凭证		摘要	贷方																										
月	日	字	号		甲产品									乙产品									合计								
					百	十	万	千	百	十	元	角	分	百	十	万	千	百	十	元	角	分	百	十	万	千	百	十	元	角	分

主营业务成本 明细分类账

二级明细科目：______ 三级明细科目：______

分第1页

年		凭证		摘要	借方																										
月	日	字	号		甲产品									乙产品									合计								
					百	十	万	千	百	十	元	角	分	百	十	万	千	百	十	元	角	分	百	十	万	千	百	十	元	角	分

税金及附加 明细分类账

二级明细科目：________ 三级明细科目：________ 分第1页

年		凭证		摘要	借方																										
月	日	字	号		税金									附加费									合计								
					百	十	万	千	百	十	元	角	分	百	十	万	千	百	十	元	角	分	百	十	万	千	百	十	元	角	分

投资收益明细分类账

第70页

二级明细科目：________　　三级明细科目：________　　分第1页

年		凭证		摘要	贷方																										
月	日	字	号		持有收益（利息、股利）									转让收益									合计								
					百	十	万	千	百	十	元	角	分	百	十	万	千	百	十	元	角	分	百	十	万	千	百	十	元	角	分

财务费用 明细分类账

第71页

二级明细科目：______ 三级明细科目：______ 分第1页

年		凭证		摘要	借方																										
月	日	字	号		利息支出									手续费等其他支出									合计								
					百	十	万	千	百	十	元	角	分	百	十	万	千	百	十	元	角	分	百	十	万	千	百	十	元	角	分

信用减值损失 明细分类账

二级明细科目：________ 三级明细科目：________ 分第1页

年		凭证		摘要	借方																										
月	日	字	号		应收款项信用减值损失									非应收款项信用减值损失									合计								
					百	十	万	千	百	十	元	角	分	百	十	万	千	百	十	元	角	分	百	十	万	千	百	十	元	角	分

所得税费用 明细分类账

第73页

二级明细科目：________ 三级明细科目：________ 分第1页

年		凭证		摘要	借方																										
月	日	字	号		本期所得税费用									递延所得税费用									合计								
					百	十	万	千	百	十	元	角	分	百	十	万	千	百	一	元	角	分	百	十	万	千	百	十	元	角	分

管理费用 明细分类账

第74页

二级明细科目：________　　三级明细科目：________　　分第1页

年		凭证		摘要	借方							
月	日	字	号		材料费用	工薪费用	折旧费用	办公费用	水电费	差旅费	其他费用	合计

销售费用 明细分类账

第75页

二级明细科目：＿＿＿＿ 三级明细科目：＿＿＿＿ 分第1页

年		凭证		摘要	借方						
月	日	字	号		广告费用	工薪费用	运输费用	办公费用	场租费用	其他费用	合计

制造费用 明细分类账

二级明细科目：________ 三级明细科目：________ 分第1页

年		凭证		摘要	借方						
月	日	字	号		材料费用	工薪费用	折旧费用	办公费用	水电费用	其他费用	合计

营业外支出 明细分类账

第77页

二级明细科目：＿＿＿＿　　三级明细科目：＿＿＿＿　　分第1页

年		凭证		摘要	借方						
月	日	字	号								合计

营业外收入 明细分类账

二级明细科目：________ 三级明细科目：________ 分第1页

年		凭证		摘要	贷方						
月	日	字	号								合计

生产成本明细分类账

二级明细科目：甲产品　　三级明细科目：＿＿＿＿　　分第1页

年		凭证		摘要	借方				
月	日	字	号		直接材料费	直接动力费	直接人工费	制造费用	合计

生产成本 明细分类账

第80页

二级明细科目：乙产品　　三级明细科目：　　分第2页

年		凭证		摘要	借方				
月	日	字	号		直接材料费	直接动力费	直接人工费	制造费用	合计

原材料 明细分类账

第81页

品种：A材料　单位：吨　规格：　仓库：

分第1页

年		凭证		摘要	借方			贷方			余额		
月	日	字	号		数量	单价	金额	数量	单价	金额	数量	单价	金额

原材料 明细分类账

第82页

品种：B材料 单位：吨 规格：______ 仓库：______

分第1页

年		凭证		摘要	借方			贷方			余额		
月	日	字	号		数量	单价	金额	数量	单价	金额	数量	单价	金额

库存商品 明细分类账

第83页

品种：甲产品 单位：件 规格：_____ 仓库：_____ 分第1页

年		凭证		摘要	借方			贷方			余额		
月	日	字	号		数量	单价	金额	数量	单价	金额	数量	单价	金额

库存商品 明细分类账

第84页

品种：乙产品 单位：件 规格：______ 仓库：______ 分第2页

年		凭证		摘要	借方			贷方			余额		
月	日	字	号		数量	单价	金额	数量	单价	金额	数量	单价	金额

交易性金融资产 明细分类账

第85页

品种：N公司股票 单位：股

分第1页

年		凭证		摘要	借方			贷方			余额		
月	日	字	号		数量	单价	金额	数量	单价	金额	数量	单价	金额

实习项目4　财务报表编制实习

第一部分　实习预备知识

一、财务报表

财务报表是企业会计人员根据日常会计核算资料整理、汇总编制的，反映企业特定日期财务状况和一定时期经营成果、现金流量情况的书面文件。企业财务报表可以按照不同的标准进行分类。

1.按编报时间不同分为年度、半年度、季度和月度财务报表。月度、季度财务报表是指月度和季度终了提供的财务报表；半年度财务报表是指在每个会计年度的前6个月结束后对外提供的财务报表；年度财务报表是指年度终了对外提供的财务报表。其中，半年度、季度和月度财务报表统称为中期财务报表。

2.按反映内容的时态不同分为动态报表和静态报表。动态报表是反映一定时期内的资金运动过程，即资金耗费与收回情况的报表，如利润表和现金流量表。静态报表是综合反映某一时点的财务状况，即资产、负债和所有者权益及其结构的报表，如资产负债表。

3.按反映的会计主体范围不同分为个别财务报表和合并财务报表。个别财务报表是由单个企业法人编制的反映单个企业法人主体财务情况的财务报表。合并财务报表是由母公司编制的反映由母公司和子公司所组成的企业集团整体的财务情况的财务报表。

一套完整的财务报表应包括四张报表和一份报表附注。四张报表是指资产负债表、利润表、现金流量表、所有者权益（或股东权益）变动表。财务报表附注是为了便于财务报表使用者理解财务报表的内容，对财务报表的编制基础、编制依据、编制原则和方法及主要项目所作的解释和进一步说明，是财务报表的一个必要组成部分。编制和提供财务报表附注，有利于财务报表使用者全面、正确地理解财务报表。

财务报告的编制，在内容上要求做到合法、真实、完整。在编报时间上，月度财务报表应当于月度终了后6天内（节假日顺延，下同）对外提供；季度财务报表应当于季度终了后15天内对外提供；半年度财务报表应当于年度中期结束后60天内（相当于两个连续的月份）对外提供；年度财务报表应当于年度终了后4个月内对外提供。

二、资产负债表

资产负债表是综合反映企业在特定日期（报告期末）的资产、负债和所有者权益情况的财务报表。通过该表可以了解企业资产的构成、资金来源的构成、资金的流动性和偿债能力等情况。它以企业的资产、负债与所有者权益的静态表现来说明企业的财务状况，是反映企业静态财务状况的报表。

我国企业资产负债表采用“账户式”结构格式。资产负债表的内容由表头和基本部分组成。表头部分包括报表名称、编制单位、编表时间和货币单位等内容；基本部分包括资产负债表中各项目的名称、各项目的年初数和期末数等内容。

资产负债表的左方列示资产类各项目。其排列顺序是以资产的流动性（或变现能力）为依据，流动性强的资产排列在先。资产具体分为流动资产和非流动资产两大类。

资产负债表的右方首先列示负债类各项目。其排列顺序是以债务的偿还期限为依据，偿还期限短的排列在先。负债具体分为流动负债和非流动负债两大类。

资产负债表右方负债的下方列示所有者权益各项目。其排列顺序是以权益的永久性为依据，企业拥有期限长的权益项目排列在先。所有者权益具体包括：实收资本（股本）、其他权益工具、资本公积、库存股、其他综合收益、盈余公积、未分配利润。

资产负债表中的各项目均需填列“年初余额”和“期末余额”两栏。“年初余额”栏内各项目数字，应根据上年末资产负债表的“期末余额”栏内所列数字填列。如果本年度资产负债表规定的各项目的名称和内容与上年不一致，应对上年年末资产负债表各项目的名称和数字按照本年度的规定进行调整，与本年一致后，再填入本表“年初余额”栏内。“期末余额”应根据本年度财务报告期末的有关账户余额直接或计算分析填列。其基本原理是：

1.根据总账期末余额直接填列。资产负债表中的大多数项目均可根据有关总账的期末余额直接填列。

2.根据若干总账期末余额之和填列。资产负债表的某些项目是根据若干总账的期末余额之和填列的。

3.根据若干总账期末余额之差填列。资产负债表的某些项目是根据若干总账的期末余额之差填列的。

4.根据若干明细账户期末余额之和填列。资产负债表中的某些项目是根据若干明细账的期末余额之和填列的。

三、利润表

利润表，是反映企业在一定会计期间（月度、季度、半年度和年度）经营成果的报表。利润表把一定时期的营业收入与其同一会计期间相关的销售费用进行配比，以计算出企业一定时期的净利润（或净亏损）。通过利润表反映的收入、费用等情况，能够反映企业生产经营的收益和成本耗费情况，表明企业生产经营成果。同时，通过利润表提供的不同时期的比较数字（本月数、本年累计数、上年数），还可以分析企业今后利润的发展趋势及获利能力，了解投资者投入资本的完整性。

利润表是通过表格格式来反映企业的经营成果的。由于不同的国家和地区对财务报表的信息要求不完全相同，因此利润表的结构也不完全相同。利润表的格式有单步式和多步式两种。我国一般采用多步式利润表格式，主要反映以下几个方面的内容：

营业利润=营业收入-营业成本-税金及附加-销售费用-管理费用-财务费用-资产减值损失+公允价值变动净收益+投资净收益

利润总额=营业利润+营业外收入-营业外支出

净利润=利润总额-所得税费用

每股收益包括基本每股收益、稀释每股收益。

我国利润表采用“多步式”结构格式，一般设有“本期金额”和“上期金额”两栏。“本期金额”栏内各项数字，除每股收益中的项目外，其他各项目一般应根据收入和费用类账户至报告期末的本年累计发生额填制。“上期金额”栏内各项数字，应根据上年度同期利润表“本期金额”栏内所列数字填列。如果上年度利润表规定的各个项目的名称和内容同本年度不相一致，应对上年度利润表各项目的名称和数字按本年度的规定进行调整，再填入本表“上期金额”栏内。

每股收益是反映企业普通股股东持有每一股份所能享有企业利润或承担企业亏损的业绩评价指标。每股收益指标有助于投资者、债权人等信息使用者评价企业或企业之间的盈利能力、预测企业成长潜力，进而作出经济决策。每股收益分为基本每股收益和稀释每股收益。

四、现金流量表

现金流量表是以收付实现制为基础编制的，反映企业在一定会计期间现金和现金等价物流入和流出情况的财务报表。现金流量表是以现金为基础编制的。这里的现金是指库存现金、可以随时用于支付的存款以及现金等价物，具体包括：

1.库存现金。库存现金是指企业持有的，可随时用于支付的现金限额，即与会计核算中的“库存现金”科目所包括的内容一致。

2.银行存款。银行存款是指企业存在金融企业，随时可以用于支付的存款，即与会计核算中“银行存款”科目所包括的内容基本一致。存在金融企业的款项中不能随时支付的存款则不包括在现金流量表中的现金范围内。

3.其他货币资金。其他货币资金是指企业存在金融企业，有特定用途的资金，如外埠存款、银行汇票存款、银行本票存款、保证金存款、信用卡存款等。

4.现金等价物。现金等价物是指企业持有的期限短、流动性强、易于转换为已知金额的现金和价值变动风险很小的短期投资。

通过现金流量表可以反映企业净利润的现金含量，帮助财务报表使用者分析企业的偿债能力和股利支付能力；帮助财务报表使用者预测企业未来产生现金流量的潜力；帮助财务报表使用者了解企业发生的其他重要财务信息。

《企业会计准则第31号——现金流量表》将现金流量分为三大类：经营活动产生的现金流量、投资活动产生的现金流量、筹资活动产生的现金流量。具体分述如下：

第一类：经营活动产生的现金流量。

经营活动产生的现金流量是指企业除投资活动和筹资活动以外的所有交易和事项所产生的现金流量。其主要范围包括：

1.在商品购进和接受劳务、商品生产、商品销售和提供劳务等活动过程中产生的现金流量。

2.经营活动过程中缴纳和返还各种税费产生的现金流量。

3.经营租赁活动产生的现金流量。

4.其他经营活动产生的现金流量。

第二类：投资活动产生的现金流量。

投资活动产生的现金流量是指企业长期资产的购建和不包括在现金等价物范围的投资及其处置活动所产生的现金流量。其主要范围包括：

1.对内长期资产（固定资产、无形资产和其他长期资产）的购建和处置活动产生的现金流量。

2.对外不包括在现金等价物范围内的各种股权和债权投资的投出和收回活动产生的现金流量。

第三类：筹资活动产生的现金流量。

筹资活动产生的现金流量是指导致企业资本及债务规模和结构发生变动的活动所产生的现金流量。其主要范围包括：

1.债务筹资活动产生的现金流量（如借款、发行债券、融资租赁等）。

2.权益筹资活动产生的现金流量（如吸收直接投资、发行股票等）。

企业在一定时期发生的经济业务，如果既涉及现金项目又涉及非现金项目，则该经济业务就会产生现金流入量或现金流出量；如果同时涉及现金项目和非现金项目，则该经济业务就不会产生现金流入量或现金流出量。

现金流量表中现金流量的列报方法有两种：一是直接法，二是间接法。直接法是指通过现金收入和现金支出的主要类别直接反映来自企业经营活动的现金流量的一种列报方法。间接法是指以本期净利润为起点，通过调整不涉及现金的收入、费用、营业外收支以及经营性应收应付等项目的增减变动，计算并列示现金流量的一种方法。

在具体编制现金流量表时，企业可根据业务量的大小及复杂程度，选择采用工作底稿法、T形账户法或直接根据有关科目的记录分析填列法等方法。工作底稿法是以工作底稿为手段，以利润表和资产负债表数据为基础，结合有关科目的记录，对现金流量表的每一个项目进行分析并编制调整分录，从而编制出现金流量表的一种方法。T形账户法是以利润表和资产负债表为基础，结合有关科目的记录，对现金流量表的每一项目进行分析并编制调整分录，通过T形账户编制出现金流量表的一种方法。分析填列法是直接根据资产负债表、利润表和有关会计科目明细账的记录，分析计算出现金流量表各项目的金额，并据以编制现金流量表的一种方法。

五、所有者权益（股东权益）变动表

所有者权益（股东权益）变动表是反映企业在某一会计期间股东权益增减变动情况的报表。该报表一般属于年度报表。所有者权益（股东权益）变动表全面反映了企业的股东权益在年度内的变化情况，便于会计信息使用者深入分析企业股东权益的增减变化情况，并进而对企业的资本保值增值情况作出正确判断，从而提供对决策有用的信息。

在具体编制所有者权益（股东权益）变动表时，“上年金额”栏所有者权益各项目金额根据上一年度该表的“本年金额”栏所有者权益各项目金额填入。“本年金额”栏所有者权益各项目金额的填写方法如下：

1.上年年末余额：根据“上年金额”栏所有者权益各项目的“本年年末余额”填入。

2.本年年初余额：是在“上年年末余额”的基础上加减本年度发生的会计政策变更、重大前期差错更正以及其他对以前年度权益进行调整的事项。

3.本年增减变动金额（减少以“-”号填列）：根据本年度发生的综合收益总额、所有者投入或减少资本、利润分配、所有者权益内部结转等影响权益各项目的发生额填列。

4.本年年末余额：是在本年年初余额的基础上加减本年增减变动金额计算填列。

六、财务报表附注

财务报表附注是为了便于财务报表使用者理解财务报表的内容而对财务报表的编制基础、编制依据、编制原则和方法及主要项目等所作的解释。它是对财务报表的补充说明，是财务会计报告体系的重要组成部分。财务报表附注一般按照下列顺序进行披露：

1.企业的基本情况。

（1）企业注册地、组织形式和总部地址。

（2）企业的业务性质和主要经营活动。

（3）母公司以及集团最终母公司的名称。

（4）财务报告的批准报出者和财务报告批准报出日，或者以签字人及其签字日期为准。

（5）营业期限有限的企业，还应当披露有关其营业期限的信息。

2.财务报表的编制基础。

3.遵循企业会计准则的声明。

企业应当声明编制的财务报表符合企业会计准则的要求，真实、完整地反映了企业的财务状况、经营成果和现金流量等有关信息。

4.重要会计政策和会计估计。

重要会计政策的说明，包括财务报表项目的计量基础和在运用会计政策过程中所做的重要判断等。重要会计估计的说明，包括可能导致下一个会计期间内资产、负债账面价值重大调整的会计估计的确定依据等。

企业应当披露采用的重要会计政策和会计估计，并结合企业的具体实际披露其重要会计政策的确定依据和财务报表项目的计量基础，及其会计估计所采用的关键假设和不确定因素。

5.会计政策和会计估计变更以及差错更正的说明。

企业应当按照《企业会计准则第28号——会计政策、会计估计变更和差错更正》的规定，披露会计政策和会计估计变更以及差错更正的情况。

6.报表重要项目的说明。

企业应当按照资产负债表、利润表、现金流量表、所有者权益变动表及其项目列示的顺序，对报表重要项目的说明采用文字和数字描述相结合的方式进行披露。报表重要项目的明细金额合计，应当与报表项目金额相衔接。

7.或有和承诺事项、资产负债表日后非调整事项、关联方关系及其交易等需要说明的事项。

8.有助于财务报表使用者评价企业管理资本的目标、政策及程序的信息。

第二部分　实习项目设计

一、实习目的

通过本实习项目的实习，使学生熟悉企业财务报表的构成体系和编制要求，掌握资产负债表、利润表和现金流量表三大报表的编制，牢记财务报表是企业向财务信息使用者传递财务信息的主要渠道和方式。

二、实习操作要求

要求学生根据模拟实习单位提供的资料（本模块实习项目1）以及本模块实习项目2、实习项目3完成的账簿登记结果，编制模拟实习单位2022年度资产负债表、利润表、现金流量表、所有权益变动表。

三、实习资料

（一）模拟实习单位资料

模拟实习单位资料见本模块实习项目1（会计凭证填制和审核实习）设计的万丰市宏伟有限公司的有关资料以及实习项目2（出纳岗位实习）、实习项目3（会计账簿登记实习）完成的账簿登记结果。

（二）万丰市宏伟有限公司按新准则调整后的2021年度财务报表

资产负债表

会企01表

编制单位:万丰市宏伟有限公司　　2021年12月31日　　单位：元

资产	期末余额	年初余额	负债和所有者权益(或股东权益)	期末余额	年初余额
流动资产：			流动负债：		
货币资金	1 256 000	856 000	短期借款	930 000	1 960 000
交易性金融资产	200 000	600 000	交易性金融负债		
衍生金融资产			衍生金融负债		
应收票据	20 000	120 000	应付票据	250 000	380 070
应收账款	420 000	220 000	应付账款	500 000	450 000
应收款项融资			预收款项	100 000	250 000
预付款项	80 000	180 000	合同负债		
其他应收款	5 000	15 000	应付职工薪酬		
存货	2 540 000	1 540 000	应交税费	254 000	225 000
合同资产			其他应付款	414 656	156 228
持有待售资产			持有待售负债		
一年内到期的非流动资产			一年内到期的非流动负债	2 000 000	
其他流动资产			其他流动负债		
流动资产合计	4 521 000	3 531 000	流动负债合计	4 448 656	3 421 298
非流动资产：			非流动负债：		
债权投资			长期借款	2 000 000	4 000 000
其他债权投资			应付债券		
长期应收款			其中:优先股		
长期股权投资			永续债		
其他权益工具投资			租赁负债		
其他非流动金融资产			长期应付款	100 000	
投资性房地产			预计负债		
固定资产	21 572 656	24 184 428	递延收益		
在建工程			递延所得税负债		
生产性生物资产			其他非流动负债		
油气资产			非流动负债合计	2 100 000	4 000 000
使用权资产			负债合计	6 548 656	7 421 298
无形资产	10 680 000	9 800 000	所有者权益(或股东权益)：		
开发支出			实收资本(或股本)	9 803 800	9 803 800
商誉			其他权益工具		
长期待摊费用			其中:优先股		
递延所得税资产			永续债		
其他非流动资产			资本公积	50 000	50 000
非流动资产合计	32 252 656	33 984 428	减:库存股		
			其他综合收益		
			专项储备		
			盈余公积	26 250	6 620
			未分配利润	148 750	37 510
			所有者权益(或股东权益)合计	30 225 000	30 094 130
资产总计	36 773 656	37 515 428	负债和所有者权益(或股东权益)总计	36 773 656	37 515 428

利润表

会企02表

编制单位:万丰市宏伟有限公司　　2021年度　　单位：元

项目	本期金额	上期金额
一、营业收入	17 600 000	8 600 000
减：营业成本	11 200 000	5 200 000
税金及附加	1 760 000	860 000
销售费用	1 700 000	980 000
管理费用	1 513 000	686 000
研发费用	576 000	354 000
财务费用	275 600	184000
其中：利息费用	321 600	208 000
利息收入	79 000	59 000
加：其他收益		
投资收益(损失以“-”号填列)		
其中：对联营企业和合营企业的投资收益		
以摊余成本计量的金融资产终止确认收益（损失以“-”号填列）		
净敞口套期收益(损失以“-”号填列)		
公允价值变动收益(损失以“-”号填列)		
信用减值损失(损失以“-”号填列)	-11 000	-10 000
资产减值损失(损失以“-”号填列)		
资产处置收益(损失以“-”号填列)		
二、营业利润(亏损以“-”号填列)	564 400	326 000
加：营业外收入	320 000	20 000
减：营业外支出	679 100	280 000
三、利润总额(亏损总额以“-”号填列)	205 300	66 000
减：所得税费用	74 430	21 870
四、净利润(净亏损以“-”号填列)	130 870	44 130
（一）持续经营净利润(净亏损以“-”号填列)	130 870	44 130
（二）终止经营净利润(净亏损以“-”号填列)		
五、其他综合收益的税后净额		
（一）不能重分类进损益的其他综合收益		
1.重新计量设定受益计划变动额		
2.权益法下不能转损益的其他综合收益		
3.其他权益工具投资公允价值变动		
4.企业自身信用风险公允价值变动		
⋮		
（二）将重分类进损益的其他综合收益		
1.权益法下可转损益的其他综合收益		
2.其他债权投资公允价值变动		
3.金融资产重分类计入其他综合收益的金额		
4.其他债权投资信用减值准备		
5.现金流量套期储备		
6.外币财务报表折算差额		
⋮		
六、综合收益总额	130 870	44 130
七、每股收益：		
（一）基本每股收益	0.0044	0.0015
（二）稀释每股收益	0.0044	0.0015

现金流量表

会企03表

编制单位：万丰市宏伟有限公司　　2021年度　　单位：元

项　　目	本期金额	上期金额
一、经营活动产生的现金流量：		
销售商品、提供劳务收到的现金	19 638 000	9 628 000
收到的税费返还	0	0
收到其他与经营活动有关的现金	330 000	530 000
经营活动现金流入小计	19 968 000	10 158 000
购买商品、接受劳务支付的现金	12 880 070	7 872 000
支付给职工以及为职工支付的现金	550 000	250 000
支付的各项税费	2 893 430	993 000
支付其他与经营活动有关的现金	2 009 800	906 000
经营活动现金流出小计	18 333 300	10 021 000
经营活动产生的现金流量净额	1 634 700	137 000
二、投资活动产生的现金流量：		
收回投资收到的现金	400 000	200 000
取得投资收益收到的现金	0	0
处置固定资产、无形资产和其他长期资产收回的现金净额	870 900	0
处置子公司及其他营业单位收到的现金净额	0	0
收到其他与投资活动有关的现金	0	0
投资活动现金流入小计	1 270 900	200 000
购建固定资产、无形资产和其他长期资产支付的现金	1 200 000	600 000
投资支付的现金	0	0
取得子公司及其他营业单位支付的现金净额	0	0
支付其他与投资活动有关的现金	0	0
投资活动现金流出小计	1 200 000	600 000
投资活动产生的现金流量净额	70 900	-400 000
三、筹资活动产生的现金流量：		
吸收投资收到的现金	0	0
取得借款收到的现金	930 000	2 000 000
收到其他与筹资活动有关的现金	0	0
筹资活动现金流入小计	930 000	2 000 000
偿还债务支付的现金	1 960 000	1 400 000
分配股利、利润或偿付利息支付的现金	275 600	184 000
支付其他与筹资活动有关的现金	0	0
筹资活动现金流出小计	2 235 600	1 584 000
筹资活动产生的现金流量净额	-1 305 600	416 000
四、汇率变动对现金及现金等价物的影响	0	0
五、现金及现金等价物净增加额	400 000	153 000
加：期初现金及现金等价物余额	856 000	703 000
六、期末现金及现金等价物余额	1 256 000	856 000

所有者权益(股东权益)变动表

会企 04 表

编制单位：万丰市宏伟有限公司　　2021 年度　　单位：元

项目	行次	本年金额										上年金额									
		实收资本(或股本)	其他权益工具			资本公积	减:库存股	其他综合收益	盈余公积	未分配利润	所有者权益合计	实收资本(或股本)	其他权益工具			资本公积	减:库存股	其他综合收益	盈余公积	未分配利润	所有者权益合计
			优先股	永续债	其他								优先股	永续债	其他						
一、上年年末余额	1	30 000 000				50 000			6 620	37 510	30 094 130										
加:会计政策变更	2										0										
前期差错更正	3										0										
其他	4										0										
二、本年年初余额	5	30 000 000	0	0	0	50 000	0	0	6 620	37 510	30 094 130										
三、本年增减变动金额(减少以"-"号填列)	6	0	0	0	0	0	0	0	19 630	111 240	130 870	30 000 000	0	0	0	50 000	0	0	6 620	37 510	30 094 130
(一)综合收益总额	7									130 870	130 870									44 130	44 130
(二)所有者投入或减少资本	8	0	0	0	0	0	0	0	0	0	0	30 000 000	0	0	0	50 000	0	0	0	0	30 050 000
1. 所有者投入资本	9										0	30 000 000									30 000 000
2. 其他权益工具所有者投入资本	10										0										0
3. 股份支付计入所有者权益的金额	11										0										0
4. 其他	12										0					50 000					50 000
(三)利润分配	13	0	0	0	0	0	0	0	19 630	-19 630	0	0	0	0	0	0	0	0	6 620	-6 620	0
1. 提取盈余公积	14								19 630	-19 630	0								6 620	-6 620	0
2. 对所有者(或股东)的分配	15										0									-3 207	-3 207
3. 其他	16										0										0
(四)所有者权益内部结转	17	0	0	0	0	0	0	0	0	0	0	0	0	0	0	0	0	0	0	0	0
1. 资本公积转增资本(或股本)	18										0										0
2. 盈余公积转增资本(或股本)	19										0										0
3. 盈余公积弥补亏损	20										0										0
4. 设定受益计划变动额结转留在收益	21										0										0
5. 其他	22										0										0
四、本年年末余额	23	30 000 000	0	0	0	50 000	0	0	26 250	148 750	30 225 000	30 000 000	0	0	0	50 000	0	0	6 620	37 510	30 094 130

(三)万丰市宏伟有限公司2022年11月财务报表

资产负债表

会企01表

编制单位：万丰市宏伟有限公司　　2022年11月30日　　单位：元

资产	期末余额	年初余额	负债和所有者权益(或股东权益)	期末余额	年初余额
流动资产：			流动负债：		
货币资金	2 310 719	1 256 000	短期借款	800 000	930 000
交易性金融资产	120 000	200 000	交易性金融负债		
衍生金融资产			衍生金融负债		
应收票据	45 000	20 000	应付票据	23 000	250 000
应收账款	629 000	420 000	应付账款	250 000	500 000
应收款项融资			预收款项	10 000	100 000
预付款项	30 000	80 000	合同负债		
其他应收款	5 000	5 000	应付职工薪酬		
存货	1 237 600	2 540 000	应交税费	112 479	254 000
合同资产			其他应付款	92 500	414 656
持有待售资产			持有待售负债		
一年内到期的非流动资产			一年内到期的非流动负债	2 000 000	2 000 000
其他流动资产			其他流动负债		
流动资产合计	4 376 779	4 521 000	流动负债合计	3 287 979	4 448 656
非流动资产：			非流动负债：		
债权投资	200 000		长期借款		2 000 000
其他债权投资			应付债券		
长期应收款			其中：优先股		
长期股权投资			永续债		
其他权益工具投资			租赁负债		
其他非流动金融资产			长期应付款	100 000	100 000
投资性房地产			预计负债		
固定资产	18 811 865	21 572 656	递延收益		
在建工程			递延所得税负债		
生产性生物资产			其他非流动负债		
油气资产			非流动负债合计	100 000	2 100 000
使用权资产			负债合计	3 387 979	6 548 656
无形资产	11 204 166.67	10 680 000	所有者权益(或股东权益)：		
开发支出			实收资本(或股本)	30 000 000	30 000 000
商誉			其他权益工具		
长期待摊费用			其中：优先股		
递延所得税资产			永续债		
其他非流动资产			资本公积	50 000	50 000
非流动资产合计	30 216 031.67	32 252 656	减:库存股		
			其他综合收益		
			专项储备		
			盈余公积	26 250	26 250
			未分配利润	1 128 581.67	148 750
			所有者权益(或股东权益)合计	31 204 831.67	30 225 000
资产总计	34 592 810.67	36 773 656	负债和所有者权益(或股东权益)总计	34 592 810.67	36 773 656

利　润　表

会企02表

编制单位：万丰市宏伟有限公司　　2022年1-11月　　单位：元

项　目	本期金额	上期金额
一、营业收入	18 800 000	14 600 000
减：营业成本	10 840 000	9 500 000
税金及附加	1 084 000	1 460 000
销售费用	1 400 000	1 500 000
管理费用	2 883 668.33	1 024 000
研发费用	874 000	576 000
财务费用	249 500	185 700
其中：利息费用	252 100	206 500
利息收入	2 600	20 800
加：其他收益		
投资收益（损失以“-”号填列）		
其中：对联营企业和合营企业的投资收益		
以摊余成本计量的金融资产终止确认收益（损失以“-”号填列）		
净敞口套期收益（损失以“-”号填列）		
公允价值变动收益（损失以“-”号填列）		
信用减值损失（损失以“-”号填列）		
资产减值损失（损失以“-”号填列）		
资产处置收益（损失以“-”号填列）		
二、营业利润（亏损以“-”号填列）	872 831.67	354 300
加：营业外收入	220 000	180 000
减：营业外支出	153 000	213 000
三、利润总额（亏损总额以“-”号填列）	939 831.67	321 300
减：所得税费用		
四、净利润（净亏损以“-”号填列）	939 831.67	321 300
（一）持续经营净利润（净亏损以“-”号填列）	939 831.67	321 300
（二）终止经营净利润（净亏损以“-”号填列）		
五、其他综合收益的税后净额		
（一）不能重分类进损益的其他综合收益		
1.重新计量设定受益计划变动额		
2.权益法下不能转损益的其他综合收益		
3.其他权益工具投资公允价值变动		
4.企业自身信用风险公允价值变动		
⋮		
（二）将重分类进损益的其他综合收益		
1.权益法下可转损益的其他综合收益		
2.其他债权投资公允价值变动		
3.金融资产重分类计入其他综合收益的金额		
4.其他债权投资信用减值准备		
5.现金流量套期储备		
6.外币财务报表折算差额		
⋮		
六、综合收益总额	939 831.67	321 300
七、每股收益：		
（一）基本每股收益		
（二）稀释每股收益		

备注：该利润表为2022年1月至11月累计报表。

现金流量表

会企03表

编制单位:万丰市宏伟有限公司　　2022年11日　　单位：元

项　　目	本期金额	上期金额
一、经营活动产生的现金流量：		
销售商品、提供劳务收到的现金	20 660 000	18 001 500
收到的税费返还	0	0
收到其他与经营活动有关的现金	260 000	302 500
经营活动现金流入小计	20 920 000	18 304 000
购买商品、接受劳务支付的现金	12 077 800	11 806 730.83
支付给职工以及为职工支付的现金	450 000	504 166.67
支付的各项税费	3 028 521	2 652 310.83
支付其他与经营活动有关的现金	2 327 500	1 842 316.67
经营活动现金流出小计	17 883 821	16 805 525
经营活动产生的现金流量净额	3 036 179	1 498 475
二、投资活动产生的现金流量：		0
收回投资收到的现金	80 000	400 000
取得投资收益收到的现金	0	0
处置固定资产、无形资产和其他长期资产收回的现金净额	1 597 000	870 900
处置子公司及其他营业单位收到的现金净额	0	0
收到其他与投资活动有关的现金	0	0
投资活动现金流入小计	1 677 000	1 270 900
购建固定资产、无形资产和其他长期资产支付的现金	1 100 000	1 200 000
投资支付的现金	200 000	0
取得子公司及其他营业单位支付的现金净额	0	0
支付其他与投资活动有关的现金	0	0
投资活动现金流出小计	1 300 000	1 200 000
投资活动产生的现金流量净额	377 000	70 900
三、筹资活动产生的现金流量：		0
吸收投资收到的现金	0	0
取得借款收到的现金	1 200 000	930 000
收到其他与筹资活动有关的现金	0	0
筹资活动现金流入小计	1 200 000	930 000
偿还债务支付的现金	3 330 000	1 960 000
分配股利、利润或偿付利息支付的现金	229 000	275 600
支付其他与筹资活动有关的现金	0	0
筹资活动现金流出小计	3 559 000	2 235 600
筹资活动产生的现金流量净额	−2 359 000	−1 305 600
四、汇率变动对现金及现金等价物的影响	0	0
五、现金及现金等价物净增加额	1 054 179	263 775
加：期初现金及现金等价物余额	1 256 000	856 000
六、期末现金及现金等价物余额	2 310 179	1 119 775

现金流量表编制工作底稿

编制单位：万丰市宏伟有限公司　　　　________年度　　　　单位：元

项　　目	1—11月累计金额	12月份发生金额	全年累计金额
一、经营活动产生的现金流量：			
销售商品、提供劳务收到的现金	20 660 000		
收到的税费返还	0		
收到其他与经营活动有关的现金	260 000		
经营活动现金流入小计	20 920 000		
购买商品、接受劳务支付的现金	12 077 800		
支付给职工以及为职工支付的现金	450 000		
支付的各项税费	3 028 521		
支付其他与经营活动有关的现金	2 327 500		
经营活动现金流出小计	17 883 821		
经营活动产生的现金流量净额	3 036 179		
二、投资活动产生的现金流量：			
收回投资收到的现金	80 000		
取得投资收益收到的现金	0		
处置固定资产、无形资产和其他长期资产收回的现金净额	1 597 000		
处置子公司及其他营业单位收到的现金净额	0		
收到其他与投资活动有关的现金	0		
投资活动现金流入小计	1 677 000		

续表

项　　目	1—11月累计金额	12月份发生金额	全年累计金额
购建固定资产、无形资产和其他长期资产支付的现金	1 100 000		
投资支付的现金	200 000		
取得子公司及其他营业单位支付的现金净额	0		
支付其他与投资活动有关的现金	0		
投资活动现金流出小计	1 300 000		
投资活动产生的现金流量净额	377 000		
三、筹资活动产生的现金流量：			
吸收投资收到的现金	0		
取得借款收到的现金	1 200 000		
收到其他与筹资活动有关的现金	0		
筹资活动现金流入小计	1 200 000		
偿还债务支付的现金	3 330 000		
分配股利、利润或偿付利息支付的现金	229 000		
支付其他与筹资活动有关的现金	0		
筹资活动现金流出小计	3 559 000		
筹资活动产生的现金流量净额	−2 359 000		
四、汇率变动对现金及现金等价物的影响	0		
五、现金及现金等价物净增加额	1 054 179		
加：期初现金及现金等价物余额	1 256 000		
六、期末现金及现金等价物余额	2 310 179		

万丰市宏伟有限公司

2022年度财务报表

法人代表：　　总会计师：　　会计（财务）主管：　　审计单位：

资产负债表

会企01表

编制单位：　　　　　　　　　　年　月　日　　　　　　　　　　单位：元

资产	期末余额	年初余额	负债和所有者权益(或股东权益)	期末余额	年初余额
流动资产：			流动负债：		
货币资金			短期借款		
交易性金融资产			交易性金融负债		
衍生金融资产			衍生金融负债		
应收票据			应付票据		
应收账款			应付账款		
应收款项融资			预收款项		
预付款项			合同负债		
其他应收款			应付职工薪酬		
存货			应交税费		
合同资产			其他应付款		
持有待售资产			持有待售负债		
一年内到期的非流动资产			一年内到期的非流动负债		
其他流动资产			其他流动负债		
流动资产合计			流动负债合计		
非流动资产：			非流动负债：		
债权投资			长期借款		
其他债权投资			应付债券		
长期应收款			其中:优先股		
长期股权投资			永续债		
其他权益工具投资			租赁负债		
其他非流动金融资产			长期应付款		
投资性房地产			预计负债		
固定资产			递延收益		
在建工程			递延所得税负债		
生产性生物资产			其他非流动负债		
油气资产			非流动负债合计		
使用权资产			负债合计		
无形资产			所有者权益(或股东权益)：		
开发支出			实收资本(或股本)		
商誉			其他权益工具		
长期待摊费用			其中:优先股		
递延所得税资产			永续债		
其他非流动资产			资本公积		
非流动资产合计			减:库存股		
			其他综合收益		
			专项储备		
			盈余公积		
			未分配利润		
			所有者权益(或股东权益)合计		
资产总计			负债和所有者权益(或股东权益)总计		

利　润　表

会企02表

编制单位：　　　　　　　　　　＿＿＿＿年度　　　　　　　　　　单位：元

项　目	本期金额	上期金额
一、营业收入		
减：营业成本		
税金及附加		
销售费用		
管理费用		
研发费用		
财务费用		
其中：利息费用		
利息收入		
加：其他收益		
投资收益（损失以“-”号填列）		
其中：对联营企业和合营企业的投资收益		
以摊余成本计量的金融资产终止确认收益（损失以“-”号填列）		
净敞口套期收益（损失以“-”号填列）		
公允价值变动收益（损失以“-”号填列）		
信用减值损失（损失以“-”号填列）		
资产减值损失（损失以“-”号填列）		
资产处置收益（损失以“-”号填列）		
二、营业利润（亏损以“-”号填列）		
加：营业外收入		
减：营业外支出		
三、利润总额（亏损总额以“-”号填列）		
减：所得税费用		
四、净利润（净亏损以“　”号填列）		
（一）持续经营净利润（净亏损以“-”号填列）		
（二）终止经营净利润（净亏损以“-”号填列）		
五、其他综合收益的税后净额		
（一）不能重分类进损益的其他综合收益		
1.重新计量设定受益计划变动额		
2.权益法下不能转损益的其他综合收益		
3.其他权益工具投资公允价值变动		
4.企业自身信用风险公允价值变动		
⋮		
（二）将重分类进损益的其他综合收益		
1.权益法下可转损益的其他综合收益		
2.其他债权投资公允价值变动		
3.金融资产重分类计入其他综合收益的金额		
4.其他债权投资信用减值准备		
5.现金流量套期储备		
6.外币财务报表折算差额		
⋮		
六、综合收益总额		
七、每股收益：		
（一）基本每股收益		
（二）稀释每股收益		

现金流量表

会企03表

编制单位：　　　　　　　　______年度　　　　　　　　单位：元

项　　目	本期金额	上期金额
一、经营活动产生的现金流量：		
销售商品、提供劳务收到的现金		
收到的税费返还		
收到其他与经营活动有关的现金		
经营活动现金流入小计		
购买商品、接受劳务支付的现金		
支付给职工以及为职工支付的现金		
支付的各项税费		
支付其他与经营活动有关的现金		
经营活动现金流出小计		
经营活动产生的现金流量净额		
二、投资活动产生的现金流量：		
收回投资收到的现金		
取得投资收益收到的现金		
处置固定资产、无形资产和其他长期资产收回的现金净额		
处置子公司及其他营业单位收到的现金净额		
收到其他与投资活动有关的现金		
投资活动现金流入小计		
购建固定资产、无形资产和其他长期资产支付的现金		
投资支付的现金		
取得子公司及其他营业单位支付的现金净额		
支付其他与投资活动有关的现金		
投资活动现金流出小计		
投资活动产生的现金流量净额		
三、筹资活动产生的现金流量：		
吸收投资收到的现金		
取得借款收到的现金		
收到其他与筹资活动有关的现金		
筹资活动现金流入小计		
偿还债务支付的现金		
分配股利、利润或偿付利息支付的现金		
支付其他与筹资活动有关的现金		
筹资活动现金流出小计		
筹资活动产生的现金流量净额		
四、汇率变动对现金及现金等价物的影响		
五、现金及现金等价物净增加额		
加：期初现金及现金等价物余额		
六、期末现金及现金等价物余额		

所有者权益(股东权益)变动表

会企04表

编制单位：　　　　　　　　______年度　　　　　　　　单位：元

项　目	行次	本年金额										上年金额									
		实收资本(或股本)	其他权益工具			资本公积	减:库存股	其他综合收益	盈余公积	未分配利润	所有者权益合计	实收资本(或股本)	其他权益工具			资本公积	减:库存股	其他综合收益	盈余公积	未分配利润	所有者权益合计
			优先股	永续债	其他								优先股	永续债	其他						
一、上年年末余额	1																				
加:会计政策变更	2																				
前期差错更正	3																				
其他	4																				
二、本年年初余额	5																				
三、本年增减变动金额(减少以“-”号填列)	6																				
(一)综合收益总额	7																				
(二)所有者投入或减少资本	8																				
1．所有者投入资本	9																				
2．其他权益工具所有者投入资本	10																				
3．股份支付计入所有者权益的金额	11																				
4．其他	12																				
(三)利润分配	13																				
1．提取盈余公积	14																				
2．对所有者(或股东)的分配	15																				
3．其他	16																				
(四)所有者权益内部结转	17																				
1．资本公积转增资本(或股本)	18																				
2．盈余公积转增资本(或股本)	19																				
3．盈余公积弥补亏损	20																				
4．设定受益计划变动额结转留存收益	21																				
5．其他	22																				
四、本年年末余额	23																				

实习项目5　会计电算化实习

一、实习目的

通过本实习项目的实习,使学生熟悉常用财务软件的应用,会运用财务软件进行日常会计业务处理。

二、实习资料

1.模拟实习单位资料见本模块实习项目1设计的万丰市宏伟有限公司的有关资料。

2.使用软件:用友或金蝶财务软件。

三、实习操作要求

（一）*初始化资料及要求*

1.以系统管理员admin的身份注册进入“系统管理”模块，新增用户，用户信息见表1:

表1　财务人员信息表

编号	姓名	口令	权限	主要职责
账套号+1	学生姓名1	自设	账套主管	财务主管，记账
账套号+2	学生姓名2	自设	总账所有权限	制单与凭证管理
账套号+3	学生姓名3	自设	总账所有权限	审核
账套号+4	学生姓名4	自设	出纳签字、出纳	出纳

注:有关权限的设置须在账套建立后才能进行。

2.创建账套，并启用总账系统，账套信息如下:

（1）账套号为二位数字，具体要求为：班级代码+学生学号后两位。

注意：要求每个同学独立使用不同的账套号，如果使用相同的账套号视为抄袭，相同账套号的两位同学的实习成绩均为不及格。

（2）账套名称：专业+班级+学生姓名,如“会计学15班李飞”或“财务管理1班王渝”。

（3）账套启用会计期：2022年12月1日(会计期间设置：01月01日—12月31日)。

（4）单位信息：见本教材内容“模拟实习企业基本情况”(简称：宏伟公司,机构代码自设)。

（5）核算类型：记账本位币为“人民币(RMB)”，企业类型为工业，行业性质：执行企业会计准则，账套主管：学生姓名1，建账时要按行业性质预留科目。

（6）基础信息：对客户、供应商进行分类管理。

（7）编码方案：科目编码级次为4222，客户和供应商分类编码级次为222，结算方式编码21，其他编码采用系统默认。

（8）数据精度：对数量、单价核算时，小数定为2位。

3.按表1要求设置用户权限。

4.以账套主管“学生姓名1”的身份注册进入“企业应用平台”模块，进行基础档案设置。

基础档案信息如下:

（1）部门档案信息，见表2。

表2　部门档案信息

部门编码	部门名称	负责人	部门属性
1	董事会	刘新阳	管理部门
101	董事会办公室	李玉	综合管理
2	财务部	学生本人1	财务管理
3	技术开发部	李红	技术开发
4	市场部	王新	购销管理
401	采购科	陈娟	采购管理
402	销售科	王新	销售管理
5	生产部	李军	生产加工

注:负责人信息待录入职员档案后再行录入。

（2）人员档案信息，见表3。

表3　人员档案信息

人员编码	人员姓名	行政部门	人员属性	是否操作员	是否业务员
1001	刘新阳	董事长办公室	董事长		
1002	李玉	董事长办公室	部门主管		
账套号+1	学生本人1	财务部	财务主管	是	
账套号+2	学生姓名2	财务部	会计	是	
账套号+3	学生姓名3	财务部	会计	是	
账套号+4	学生姓名4	财务部	出纳	是	
3001	李红	技术开发部	部门主管		
3002	刘涛	技术开发部	职员		
4001	王新	销售科	部门主管		是
4002	陈娟	采购科	科长		是
4003	王涛	销售科	职员		是
5001	李军	生产部	部门主管		是
5002	刘兴	生产部	职员		是

注:人员类别均为“在职人员”，出现新人员可随时增加。

（3）地区、客户和供应商分类信息。

公司往来单位分类资料见表4至表6。

表4　地区分类信息

地区编码	地区名称	地区编码	地区名称
01	中国	02	国外
01001	北京	02001	美国
01002	上海		
01003	重庆		
01004	四川		
01005	贵州		

注：出现新地区可随时增加。

表5　客户分类信息

分类编码	分类名称
01	长期客户
02	中期客户
03	短期客户

表6　供应商分类信息

分类编码	分类名称
01	工业
02	商业
03	事业

注：客户所属分别由学生自行确定。

（4）客户档案和供应商档案。

与公司有经济业务往来的单位的基本信息资料见表7和表8。

表7　客户档案信息

客户编号	客户名称	客户简称	法定代表人	所属分类	税号	信用等级	发展日期
001	南宁农机公司	自设	王振	01	040004444125489	A	2004.3.25
002	万丰市农机公司	自设	赵宣	02	010001234548745	A	2010.6.21
003	安顺农机公司	自设	胡阳	03	020024488123456	A	2011.9.8

注：出现新客户可随时增加，所属分类由学生自设。

表8　供应商档案信息

供应商编号	供应商名称	供应商简称	法定代表人	所属分类	税号	开户银行	发展日期
001	上海机床厂	自设	李玄	01	522311258465457	工商银行	2007.3.5
002	重庆钢铁集团公司	自设	董昊	01	523654789651235	农业银行	2011.5.21
003	武汉钢厂	自设	陈洪	01	526554732651235	交通银行	2009.9.18

注：出现新供应商可随时增加，所属分类由学生自设。

5.以账套主管“学生本人1”的身份注册登录“企业应用平台”，选择左边窗口的【财务会计】-【总账】选项，进入总账系统进行初始化设置。

（1）设置系统参数。

凭证：凭证制单时，采用序时控制(不能倒流)，进行支票控制与资金及往来赤字控制，不可使用应收、应付、存货受控科目，批量审核凭证进行合法性校验，凭证录入时结算方式及票据号必录，凭证系统编号。

权限：制单权限不控制到科目，不允许修改或作废他人填制的凭证，出纳凭证须经出纳签字，进行预算控制方式,凭证须经会计主管签字，明细账查询控制到科目，可查询他人凭证。

账簿：账簿打印使用标准版，明细账打印按年排页。

会计日历：数量小数位和单价小数位为2位。

其他：部门、个人、项目按编码方式排序。

（2）设置会计科目。

按照本教材所列科目增加、修改各科目的明细科目，未列示的科目不要删除。

（3）结算方式。

公司经济业务结算方式见表9。

表9　结算方式

结算方式编码	结算方式名称	票据管理
01	现金支票	是
02	转账支票	是
03	委托收款	否
04	商业承兑汇票	否
05	银行承兑汇票	否
06	其他	否

（4）凭证种类信息。

公司采用的凭证种类见表10。

表10　凭证种类

类别字	类别名称	限制类型	限制科目
收	收款凭证	借方必有	1001, 1002
付	付款凭证	贷方必有	1001, 1002
转	转账凭证	凭证必无	1001, 1002

（5）录入期初余额。

2016年12月1日，公司科目体系及期初余额资料见表11。

表11　科目体系及期初余额表

科目名称	账类信息	年初余额	借方发生额	贷方发生额	月初余额
库存现金	指定科目	6 000	15 600	15 600	6 000
银行存款——12000056783	指定科目	1190 000	1450 000	1190 000	1450 000
其他货币资金——外埠存款		60 000	50 000	60 000	50 000
交易性金融资产——N公司股票		200 000	120 000	200 000	120 000

续表

科目名称	账类信息	年初余额	借方发生额	贷方发生额	月初余额
应收票据——万丰市农机公司	客户往来	20 000	45 000	20 000	45 000
应收账款——南宁农机公司	客户往来	190 000	350 000	190 000	350 000
应收账款——万丰市农机公司	客户往来	245 000	300 000	245 000	300 000
预付账款——重庆钢铁集团公司	供应商往来	80 000	30 000	80 000	30 000
其他应收款——王涛	个人往来	5 000		5 000	
其他应收款——刘兴	个人往来		5 000		5 000
原材料——A		300 000	412 500	300 000	412 500
原材料——B		400 000	137 500	400 000	137 500
生产成本——甲产品——直接材料		640 000	152 000	640 000	152 000
生产成本——甲产品——直接动力		37 000	6 200	37 000	6 200
生产成本——甲产品——直接人工		10 000	13 000	10 000	13 000
生产成本——甲产品——制造费用		63 000	8 500	63 000	8 500
生产成本——乙产品——直接材料		210 000	82 000	210 000	82 000
生产成本——乙产品——直接动力		8 100	3 200	8 100	3 200
生产成本——乙产品——直接人工		21 000	8 200	21 000	8 200
生产成本——乙产品——制造费用		10 900	4 500	10 900	4 500
库存商品——甲产品		640 000	300 000	640 000	300 000
库存商品——乙产品		200 000	110 000	200 000	110 000
持有至到期投资——国库券		0	200 000		200 000
固定资产——建筑物		11 490 000	1 760 000	2 750 000	10 500 000
固定资产——机器设备		4 000 000	500 000	1 000 000	3 500 000
固定资产——办公设备		150 000	50 000		200 000
无形资产——专利A		800 000	400 000		1 200 000
无形资产——专利B		600 000	300 000		900 000
短期借款——工商银行		2 545 200	3 245 200	1 500 000	800 000
应付票据——武汉钢厂	供应商往来	250 000	347 000	120 000	23 000
应付账款——重钢钢铁集团工商	供应商往来	500 000	700 000	450 000	250 000
预收账款——安顺农机公司	客户往来	100 000	130 000	40 000	10 000
其他应付款——保证金		70 000	10 000		60 000
应交税费——应交增值税		239 910	1 506 910	1 420 000	153 000

续表

科目名称	账类信息	年初余额	借方发生额	贷方发生额	月初余额
应交税费——应交城建税		9 710	24 600	25 600	10 710
应交税费——应交教育费附加		4 380	11 000	11 210	4 590
应付利息——短期借款利息		153 000	120 500		32 500
长期借款——工商银行		4 000 000	2 000 000		2 000 000
长期应付款——上海机床厂		300 000	200 000		100 000
坏账准备——应收账款		15 000		6 000	21 000
累计折旧		3 040 000		760 000	3 800 000
累计摊销		320 000		82 500	402 500
股本——万丰市国有控股公司		5 882 280			5 882 280
股本——李斌		2 941 140			2 941 140
股本——王维		980 380			980 380
资本公积——其他资本公积		50 000			50 000
盈余公积——法定盈余公积		17 500			17 500
盈余公积——任意盈余公积		8 750			8 750
本年利润				2 397 500	2 397 500
利润分配——未分配利润		148 750			148 750

期初余额辅助资料：2016年12月辅助核算资料见表12至表17。

表12　应收票据期初余额资料

单位编号	单位名称	业务员	方向	期初余额
002	万丰市农机公司	王新	借	45 000

表13　应收账款期初余额资料

单位编号	单位名称	业务员	方向	期初余额
001	南宁农机公司	王涛	借	350 000
002	万丰市农机公司	王新	借	300 000

表14　预付账款期初余额资料

单位编号	单位名称	业务员	方向	期初余额
002	重庆钢铁集团公司	陈娟	借	30 000

表15　应付票据期初余额资料

单位编号	单位名称	业务员	方向	期初余额
003	武汉钢厂	陈娟	贷	23 000

表 16 应付账款期初余额资料

单位编号	单位名称	业务员	方向	期初余额
002	重庆钢铁集团公司	陈娟	贷	250 000

表 17 预收账款期初余额资料

单位编号	单位名称	业务员	方向	期初余额
003	安顺农机公司	王涛	贷	10 000

（二）会计核算流程及要求

1.按要求进行总账日常业务处理(要求处理本教材的业务1至业务43)。

（1）以“学生姓名2”的身份登录总账系统，进行填制凭证。

（2）以“学生姓名4”的身份登录总账系统，进行出纳签字。

（3）以“学生姓名3”的身份登录总账系统，进行凭证审核。

（4）以“学生姓名1”的身份登录总账系统，进行主管签字。

（5）以“学生姓名1”的身份登录总账系统，进行记账操作。

2.按要求进行银行对账处理。

（1）以“学生姓名4”的身份注册登录总账系统，录入2022年12月1日银行对账期初资料。

（2）以“学生姓名4”的身份注册登录总账系统，录入2022年12月31日银行对账单。

（3）进行自动对账处理，自动生成银行存款余额调节表。

3.按要求进行期末损益自动转账处理(要求处理本教材的业务44)。

（1）以“学生姓名2”的身份注册登录总账系统，定义损益结转的自动转账凭证，并生成自动转账凭证。

（2）以“学生姓名3”的身份登录总账系统，进行凭证审核。

（3）以“学生姓名1”的身份登录总账系统，进行主管签字。

（4）以“学生姓名1”的身份登录总账系统，进行记账操作。

4.按要求进行总账期末业务处理(要求处理本教材的业务45至业务48)。

（1）以“学生姓名2”的身份登录总账系统，进行填制凭证。

（2）以“学生姓名3”的身份登录总账系统，进行凭证审核。

（3）以“学生姓名1”的身份登录总账系统，进行主管签字。

（4）以“学生姓名1”的身份登录总账系统，进行记账操作。

（5）核对无误后，以“学生姓名1”的身份登录总账系统，进行结账操作。

5.按要求进行报表编制操作。

（1）以“学生姓名1”的身份注册登录UFO报表系统。

（2）调用“利润表”模版，对报表公式进行修改，并完成利润表的编制。

（3）调用“资产负债表”模版，对报表公式进行修改，利用账套数据生成报表。